古代歷史文化 研究輯刊

三 編

王 明 蓀 主編

第 6 冊

魏明帝曹叡之朝政研究

王 惟 貞 著

國家圖書館出版品預行編目資料

魏明帝曹叡之朝政研究／王惟貞 著 — 初版 — 台北縣永和市：
花木蘭文化出版社，2010〔民99〕
目 2+154 面；19×26 公分
（古代歷史文化研究輯刊 三編：第6冊）
ISBN：978-986-254-091-6（精裝）
1. 魏明帝　2. 傳記　3. 魏晉南北朝史
622.4　　　　　　　　　　　　　　　　99001226

ISBN - 978-986-2540-91-6

古代歷史文化研究輯刊
三 編 第 六 冊　　　　　　　ISBN：978-986-254-091-6

魏明帝曹叡之朝政研究

作　　　者　王惟貞
主　　　編　王明蓀
總 編 輯　杜潔祥
出　　　版　花木蘭文化出版社
發 行 所　花木蘭文化出版社
發 行 人　高小娟
聯絡地址　台北縣永和市中正路五九五號七樓之三
　　　　　　電話：02-2923-1455／傳眞：02-2923-1452
網　　　址　http://www.huamulan.tw 信箱 sut81518@ms59.hinet.net
印　　　刷　普羅文化出版廣告事業
初　　　版　2010 年 3 月
定　　　價　三編 30 冊（精裝）新台幣 46,000 元

魏明帝曹叡之朝政研究

王惟貞　著

作者簡介

王惟貞，一九七三年生，台北新莊人。私立輔仁大學歷史學士、國立清華大學歷史學碩士及博士。先後於私立中華大學、私立華梵大學、私立輔仁大學及國立台灣體育大學任教，擔任通識中心兼任講師與助理教授。早年以魏晉史事為研究主體，近年來則關注兩漢至魏晉之間的政治變動與社會脈絡。

提　要

　　曹叡時期的太和浮華案，代表曹魏政權新一代官僚與知識分子的政治活動，以及當世的社會風潮。曹魏政府對浮華案件的懲處態度，除了影響參與交遊士人的仕宦之路外，也影響了朝廷對新進官員的選擇，及曹叡時期的政治發展。在討論曹叡時期的太和浮華案時，還須進一步分析當時的背景，才能解釋東漢末年即已產生的浮華風潮，為何會在曹叡統治時期演變成大規模的政治懲處事件。

　　曹叡即位初期，外有強敵，內有父祖時代的功臣宿將。因此，曹叡藉著對蜀漢、東吳戰事的發展，展現自己的才能與見識；另一方面，也藉機將曹丕安排的輔政大臣調離中央，減少其對朝廷的影響。無論是在朝政、軍事活動、臣僚的選任、宮室營建等方面，曹叡都按照自己的想法去施行，並集權於自己手中，影響了朝中官員的行政職權與官僚體系的運作，也減低臣僚對曹魏政權的向心力。曹叡掌握大權的心態，除了顯現出其對臣僚的猜疑外，當時臣僚的從政態度，事實上也是促使曹叡猜疑、不安的一個因素。

　　東漢末年開始的政治動亂，影響了漢末、魏初士人對中央政權之認同感。東漢末年的黨錮之禍，嚴重戕害了士人對政治的熱誠，也損傷了對東漢政權的向心力。在面對險惡的生存環境時，士大夫以自保為目標，以累積個人的政治資本、發展家族的社會聲望為第一要務，國家與人民已經不是他們所關注的重心了。手握國家最高權力的曹叡自然能夠感受到臣僚的自私心態。曹魏時期的君臣關係，實際上是建立在上下交相疑的基礎上，曹叡時期君臣關係的不良，導致日後的高平陵事件以及曹魏政權的覆亡。曹魏的覆滅，實肇始於曹叡時代，其禍害則著於曹芳、曹髦時代。曹氏統治者的不信任態度固然是主因，而當時的臣僚的自保心態，也難逃其責。

　　無論是曹叡的猜忌，或是群僚的自保心態，基本上還是不脫兩漢「革命易代」的想法。漢人對於改朝換代的認知，成為魏晉君臣關係的一大隱憂，嚴重影響魏晉君臣彼此的信任，也導致曹叡在託孤一事上，舉棋不定、徬徨無依。明清士人對魏晉君臣的評議甚多，然而這些批評中所呈現出來的歷史圖像，代表的是後世士人腦中所認知、描繪的狀況，並非魏晉時人的共識。因此，論及魏晉政治變動之際的君臣思想，除了借用後人的批判以增加理解外，還須釐清後世士人所強加於上的價值判斷，才能使魏晉時人的思想更真實地呈現出來。

目

次

第一章　研究動機與回顧

　　東漢延康元年（220）十月冬，魏王曹丕正式接受獻帝的禪讓，繼承帝位，改國號爲魏、改年號爲黃初元年，建立起後世俗稱的曹魏政權。在曹魏建國之後，劉備、孫權紛紛跟進，各自稱帝於蜀漢地區與江東地區，開啓了魏、蜀、吳三國鼎立的時代。然而，曹魏政權一方面結束了東漢政權的統治，另一方面也開啓統一帝國：晉朝的序幕。司馬氏的建國，雖然統一了政治上的三國分裂狀況，也埋下了日後五胡亂華、南北對立、朝代更替的政治變動。在論及魏晉時期的亂局，並追溯其起源的各項因素時，除了必須關注西晉政權的各種因素、缺點外，至於爲司馬氏政權奠基的曹魏政權，也是一個不可忽視的方向。一個新政權的建立，自然必須經過一連串的努力與耕耘，甚至包括征戰與殺伐異己的行爲；同樣地，一個舊政權的覆滅，也非一日之寒，必須經過假以時日的政治權力演變、外在威脅增強等各項因素所匯集而成。值得注意的事，舊政權覆滅的因素，往往會是新政權崛起的契機。仔細思考西晉司馬氏建國的種種問題時，曹魏爲何會覆亡的問題，就成爲研究者首先必須面臨及解決的一大課題。曹魏出軍征討蜀漢之際，東吳丞相張悌即曾對司馬氏掌握曹魏大權的原因，提出自己的見解。值得注意的是張悌在推斷司馬懿父子成功的原因時，首先即針對曹操祖孫的統治狀況做出批評。張氏認爲曹操祖孫三代的統治，早已大失曹魏民心，而這正是司馬氏政權得以穩固的原因。〔註1〕張悌的民心向背說法，是否顯示出曹魏滅亡、西晉興起的因素，

〔註1〕　新校標點本・陳壽，《三國志・吳志》（文後，《三國志・吳志》皆簡稱爲《吳志》）卷3〈三嗣主傳〉，頁1174～1175。關於張悌的事蹟，見裴松之所引的《襄陽記》。其評論曹魏的論點爲：「曹操雖功蓋中夏，威震四海，崇詐仗術，

—1—

仍須詳加分析，但這段文字卻也引起後人對曹魏統治時期政治發展的興趣，想了解導致曹魏覆亡的真正因素為何。

　　曹魏政權始於曹操在東漢末年的努力，由魏文帝曹丕時期完成建國的宏願。〔註2〕接續於曹丕之後的統治者，則有曹魏明帝曹叡，三少帝曹芳、曹髦與曹奐。曹奐咸熙二年（265），曹魏禪位於晉武帝司馬炎，改元為泰始元年，結束了曹氏政權的短暫統治。在曹氏統治的時代，除了曹丕、曹叡實際掌有政權外，其餘三少帝多以年幼即位，由朝中的重臣行使政權，給予司馬氏掌握朝廷大權的機會。關於魏亡晉興的問題，在《三國志》的記載中留下部份魏晉時人的評論；在這些評論中，前人所關心的焦點卻集中在曹魏滅亡的原因上，更甚於西晉興起的原因。如其中一段史料，即是來自於當時國際上的敵對者：東吳統治者孫權的批評。孫權認為曹魏之亡，真正原因在於曹魏嗣主年幼，無法駕馭臣僚，造就「威柄不專，則其事乖錯」，〔註3〕朝中大權為重臣所掌控，終於導致亂亡。裴松之注解此段文字時，提出當時的史書記載有暗指曹魏的滅亡，其失在於曹魏明帝曹叡，後果則著於齊王曹芳之世。〔註4〕陳壽更是在《三國志》的《魏志・三少帝紀》紀末，明言批評曹叡先失於把帝位傳給幼子，後又失於託付不專，終於導致曹爽被誅、齊王曹

　　　　征伐無已，民畏其威，而不懷其德也。丕、叡承之，係以慘虐，內興宮室，外懼雄豪，東西馳驅，無歲獲安，彼之失民，為日久矣。」

〔註2〕東漢獻帝建安十五年十二月時，曹操在〈讓縣以明本志令〉中，藉著周公以〈金縢〉之書自明的故事，明言有匡復朝廷之心。全文見《三國志・魏志》卷1〈武帝紀〉，頁32～34（文後，《三國志・魏志》皆簡稱為《魏志》）。裴注引自《魏武故事》。然而，到了建安十七年，董昭等人建議漢帝進曹操爵為魏公、加九錫時，曹操謀士荀彧「以為太祖本興義兵以匡朝寧國，秉忠貞之誠，守退讓之實；君子愛人以德，不宜如此。太祖由是心不能平。……彧留壽春，以憂薨。」《魏志》卷10〈荀彧傳〉，頁317。司馬光在記載到孫權入貢，曹操自言：「若天命在吾，吾為周文王矣。」時，即評論曹操：「其蓄無君之心久矣，乃至沒身不敢廢漢而自立，豈其志之不欲哉？猶畏名義而自抑也。」《資治通鑑》（臺北：天工書局，1988再版）卷68〈漢紀60・獻帝獻帝建安二四年〉，頁2173～2174。因此後人多認為從荀彧之死，可以看出曹操確有不臣之心。曹操自比於周文王的言語，則有暗指曹丕效法周武王滅商的用意。

〔註3〕《吳志》卷7〈諸葛瑾傳〉，頁1234。

〔註4〕《吳志》卷7〈諸葛瑾傳〉，頁1235。裴松之在注解此段史料，認為史家之所以會記載此段文字，其原因為：「而史載之者，將以主幼國疑，威柄不一，亂亡之形，有如（孫）權言，宜其存錄以為鑒戒。或當以雖失之於明帝，而事著於齊王，齊王之世，可不驗乎！」。

芳被廢、司馬氏主政的局面。〔註5〕

　　西晉司馬氏能夠成功建立政權基礎，關鍵在於曹魏齊王曹芳正始十年（249，後改元爲嘉平元年）的高平陵事件。在這次的政治事件中，以司馬懿爲首的司馬氏家族成功奪取了曹魏政廷的最高統治權。雖然在事變之後仍有反對勢力的存在，如著名的「淮南三叛」〔註6〕等反抗司馬氏掌權的軍事行動；但不可諱言地，此次事件也標誌著司馬氏勢力的崛起與曹魏皇室勢力的衰退。以司馬懿爲首之司馬氏政權的崛起，也象徵著曹魏政權、曹氏勢力的衰弱與覆亡。討論曹魏政權覆亡的因素時，也面臨到另一個問題，就是曹魏政權覆亡的眞正因素爲何？始於何時？始於何事？或者，在何時伏下了日後的覆亡之路？種種問題，都是身爲後世研究者的我們所必須加以分析、討論的問題，才能解決魏晉禪代的歷史事件中，整個政權更替所隱含的諸多問題。

　　前人的言論中，關於曹魏政權滅亡的原因，均認爲關鍵在於曹魏明帝曹叡遺命立輔政大臣的事件上。由於曹叡在臨死前，決定由具有宗室身分的曹爽與當朝重臣的司馬懿共同輔政。然而曹爽與司馬懿在政治上的不合與衝突，卻演變成日後的高平陵奪權事件，大肆誅殺曹爽兄弟與黨羽的結果，最後由司馬氏獨掌整個曹魏大權。在司馬懿病逝以後，其長子司馬師、次子司馬昭也遵循司馬懿之後，繼續掌控整個曹魏政權，曹魏皇室成爲名存實亡的統治者。曹叡託孤一事，間接促成了日後的高平陵事件與曹魏政權的衰弱。然而從《三國志》的相關記載中，我們卻不難發現曹叡在選擇輔政大臣的過程中，花費相當多的心思來考慮，以致於有先後不同的人選名單。〔註7〕曹叡先廢除原有的輔政人選，即燕王曹宇、曹肇、秦朗、夏侯獻等人，後又轉而選擇政治資望顯得淺顯的宗室曹爽，與軍政資望深重的司馬懿並列爲輔政大

〔註5〕歷代史家多持此論，如陳壽即評曰：「立子以適：若適嗣不繼，則宜取旁親明德，若漢文、宣者，斯不易之常準也。明帝既不能然，情繫私愛，撫養嬰孩，傳以大器，託付不專，必參支族，終於曹爽誅夷，齊王替位。」《魏志》卷4〈三少帝紀〉，頁154。

〔註6〕淮南三叛，一爲魏齊王曹芳嘉平三年（251）曹魏太尉王淩、兗州刺史令狐愚密謀廢齊王、立楚王曹彪事件。次爲高貴鄉公曹髦正元二年（255）鎮東大將軍毋丘儉、揚州刺史文欽矯郭太后詔起兵討司馬師事件。三爲高貴鄉公甘露二年（257）鎮南將軍諸葛誕聯合孫吳起兵事件。由於這三次的軍事事件，名義上都是反對司馬氏專權而起兵，主事者均曾先後鎮守淮南地區的邊防，故起兵後均以淮南、揚州、壽春爲根據地，因此史稱「淮南三叛」。

〔註7〕關於曹叡反覆考慮輔政人選一事，可見於《魏志》卷3〈明帝紀〉，頁113～114，及傳末裴松之注引自《魏略》、《漢晉春秋》等史書。

臣。這當中就產生幾個疑問：即曹叡在託孤時為何有「託付不專」的情況發生？其次，曹叡在託孤態度上的不定，是否也代表了在曹魏政權的歷史發展中，隱藏了一些政治問題與衝突？曹叡主政時期，又存在著什麼樣的衝突與問題，故而促使曹叡必須在選擇輔政大臣一事上，不得不反覆再三？曹叡在確定召司馬懿回中央輔政後，還特地親自召見司馬懿，當著司馬懿的面前，慎重地託付齊王曹芳、秦王曹詢二人。在這樣的託孤過程中，顯示出曹叡希望司馬懿能夠善盡輔政的職責，確保日後曹芳的統治地位，由此更可見曹叡對於託孤人選一事的重視。在《魏氏春秋》中，即提到曹叡託付司馬懿的整個情景，當時曹芳、曹詢均隨侍於曹叡身旁，而

> 帝執宣王（司馬懿）手，目太子曰：「死乃復可忍，朕忍死待君，
> 君其與（曹）爽輔此。」宣王曰：「陛下不見先帝屬臣以陛下乎？」
>
> 〔註8〕

參考《三國志》與《魏略》對於同一件事的記載，從曹叡與司馬懿之間的對話，可以看到曹叡與司馬懿雙方的言行舉止中，呈現出一種互相信任的良好關係。〔註9〕然而從內心與日後的行事來分析，司馬懿是否真的如其所言之竭誠盡節？曹叡是否真的對其完全信任而無疑？又，兩人之間的關係，是否真如外在般地和諧、無私？在在都值得後人商榷。誠如前述所衍生的許多疑點，其關鍵點其實都圍繞在曹叡時期的君臣關係上，也突顯出曹叡時期的君臣關係發展存在著各種問題，託孤一事不過是這些問題的具體呈現。因此，唯有重新檢討曹叡時期君臣關係的發展狀況，才能夠稍微釐清曹叡託孤前後的許多疑點，重新理解曹叡、司馬懿對託孤一事的態度。

魏晉政權的更替，代表了舊王朝的結束、新王朝的建立，以及新統治階層的出現。仔細探尋新舊政權交替的內在因素時，也可以察覺到魏晉時人在面臨

〔註8〕 《魏志》卷3〈明帝紀〉，頁114，裴注。又，《魏志》曹叡本傳傳文亦曰：「（景初）三年春正月丁亥，太尉宣王（司馬懿）還至河內，帝驛馬召到，引入臥內，執其手謂曰：『吾疾甚，以後事屬君，君其與爽輔少子。吾得見君，無所恨！』宣王頓首流涕。」同一頁裴注引《魏略》曰：「（曹叡）乃召齊、秦二王以示宣王，別指齊王謂宣王曰：『此是也，君諦視之，勿誤也！』又教齊王令前抱宣王頸。」

〔註9〕 如唐太宗即特別針對司馬懿受詔輔政前後一事，發表他的看法。他認為司馬懿「既承忍死之託，曾無殉生之報。天子在外，內起甲兵，陵土未乾，遽相誅戮，貞臣之體，寧若此乎！」見新校標點本《晉書》卷1〈宣帝紀〉，頁21，唐太宗制曰。

歷史的轉折及各種衝突時，從環境所逼迫的改變，或是自覺性的變化後，所衍生的對應方式。歷年來有不少的史學研究者，在這塊魏晉南北朝史的領域中不斷地耕耘，也為這個時代的各種歷史問題留下許多豐碩的成果與見解。如民國初年的學者陳寅恪及其承繼其後的周一良、唐長孺、谷霽光、嚴耕望、勞榦等人為主要代表，開創了本世紀魏晉南北朝史的研究風潮。〔註10〕近年來，則有台港地區及中國大陸的學者如方北辰、毛漢光、何啟民、田余慶、王曉毅等學者，先後投入魏晉南北朝的歷史研究中，更加豐富了魏晉時期各方面的歷史研究。〔註11〕以研究魏晉南北朝及隋唐時代著稱的史學家陳寅恪，在論及魏晉南北朝的統治階層時，即明言魏晉政權的更替，不只是曹氏、司馬氏個人、家族勢力勝敗的問題，而是「儒家豪族與非儒家的寒族的勝敗問題」。〔註12〕陳氏以曹氏和司馬氏的出身背景為基礎，劃分為兩個不同的政治集團，將魏晉禪代視為儒家大族與寒族兩個階級的鬥爭結果。因此曹魏政權的衰退、司馬氏勢力的崛起，世家大族的支持與否就成為決定性的關鍵。

　　由於受到陳氏觀點的影響，世家大族勢力的發展，一直成為討論魏晉南北朝時的政治、社會等課題時，最吸引人的問題，蔚為史學研究主流。陳氏提出不同社會階層互相鬥爭的論點，其實仍不足以完全概括或解釋這個歷史課題，但是陳氏的說法也為後世的研究者們，提供了另一個值得思考、研究的方向。

〔註10〕劉顯叔曾經發表〈近六十年來國人對魏晉南北朝史的研究〉一文，收錄自西元 1911 至 1971 年的魏晉南北朝史研究概況，詳細記錄民國建立之後魏晉史學的研究發展狀況，及史學研究者所努力的成果。這些學者的成果，不僅僅為後人留下許多通史性的著作，還有許多針對各方面議題討論的期刊論文。劉氏認為在新史學的發展中，尤以陳寅恪在中古史上的研究，影響後人最為深遠，他的學說往往成為後人研究的出發點。在陳寅恪的影響下，中央研究院史語所的次一代學者如周一良、何茲全、勞榦、嚴耕望、徐高阮等人，紛紛在魏晉南北朝史的研究上，留下不少貢獻。劉氏一文收錄於《史學彙刊》4，1971，頁 189～198。

〔註11〕蔡學海，〈近五年來（1987～1991）來，魏晉南北朝史研究報導〉則針對這五年魏晉史學的研究究發展，詳細介紹關於政治、民族、學術、社會、士人、藝術、宗教、文學等不同議題的學術研究成果。文中並述及毛漢光、何啟民、林瑞翰、王曉毅、田余慶等人的研究。全文收錄在《中國歷史學會史學集刊》25，1993，頁 205～230。蔡氏另外曾經針對 1987、1988 年的研究概況行文介紹，分別為〈76 年魏晉南北朝史研究概況〉、〈77 年魏晉南北朝史研究概況〉二文，分別收錄在《中國歷史學會史學集刊》20、21 期，1988。

〔註12〕萬繩楠整理，《陳寅恪魏晉南北朝史講演錄》（安徽合肥：黃山書社，1987），頁 1。

即使是現代的史學工作者，在涉獵的魏晉南北朝的歷史議題時，也無法完全擺脫受到陳氏論點的影響，如近年的大陸學者王永平在其〈世族勢力之復興與曹叡顧命大臣之變易〉一文，在論及魏晉政權更替的關鍵時，所依據的就是陳氏世族、寒族的論點。〔註13〕另一位中國大陸學者萬繩楠則是在師承陳氏的不同政治派別的觀點後，把曹操時期的政治派別劃分成兩個政治集團：以曹氏、夏侯氏成員爲首的新官僚集團稱爲「譙沛集團」，及以潁川名士荀或所引進之汝潁地區士大夫爲首的世家集團稱爲「汝潁集團」。〔註14〕萬氏認爲曹操之所以能夠成功戰勝袁紹，聯合這兩個集團的勢力是一個很重要關鍵。在萬氏的集團劃分法中，可以見到其受到陳寅恪說法的影響。然而萬氏亦提到這兩個政治集團勢力的發展，並不是一直永恆不變的均衡，而是暗藏了許多的矛盾與衝突，尤其是在曹丕、曹植爭奪繼承權之時更加明顯。從曹丕稱帝開始，較支持曹丕的汝潁集團之政治權力不斷上升，而譙沛集團則不停地下降，汝潁集團與譙沛集團兩者之間的權力關係發展，就成爲曹魏政權根本上的隱憂。

曹魏政權的本質，是否眞如陳氏所劃分的兩個不同的社會階層，即世家大族與寒素小族間的政治階層鬥爭；或是如萬氏所劃分的兩個不同領域的政治集團，這些政治團體與曹氏皇權之間關係的發展，其實還存有許多值得考慮的問題。萬氏認爲支持曹植的丁儀、丁廙兄弟乃沛國人，而曹丕世子地位確定之後，鄴城又發生沛人魏諷謀反事件，使曹丕對譙沛人產生疑懼，在汝潁集團成員的籠絡下，曹丕開始傾向交結汝潁集團。〔註15〕這樣的說法，是否代表與曹氏、夏侯氏關係深遠之譙沛集團衰弱的關鍵，還有待商權。〔註16〕

〔註13〕原文收錄在《揚州大學學報：人文社科版》1998・2，頁58～62。王氏一文，乃近年新出的論文之一，可以視爲後世研究者吸收陳氏觀點的一個例證。然而其全文完全依據陳寅恪的論點，未見其他新的論點，所以只能勉強算是一個整理歷史事件的文章，又再一次地證明陳氏的論點罷了。

〔註14〕萬氏的說法與論證見其所著之《魏晉南北朝史論稿》（臺北縣：雲龍出版社，1994）第五章〈曹魏政局的變化與西晉的統一〉，頁91～107。萬氏將曹操時期的政治派別分成——汝潁集團與譙沛集團，在當時曹魏政權中的職責劃分則爲：「在汝潁集團中，舊世族佔主導地位；在譙沛集團中，新官僚佔主導地位。汝潁集團標榜儒學，主要擔任文職。譙沛集團則以武風見稱，主要擔任武職。」頁96。

〔註15〕萬氏《魏晉南北朝史論稿》，頁97。

〔註16〕依照萬氏的說法，曹氏、夏侯氏並爲譙沛集團成員，曹丕與其中的曹休、曹眞、夏侯尚等人都保持著親密、友好的關係，夏侯尚甚至在世子繼承爭奪中，竭力表現出對曹丕的支持，並貢獻許多計謀，贏取了曹丕的信任。相較之下，

當曹叡繼承曹丕的帝位之後，他所面臨的臣屬也同樣繼承建安時代與黃初時代的舊有臣僚，也就是前述萬氏所劃分的譙沛、汝潁集團的成員。然而我們從曹叡時期的歷史記載中，可以看到譙沛、汝潁集團的成員依然同在朝中活動，汝潁集團的成員並沒有掌控所有朝政。因此，在曹魏政廷的政治權力變化中，汝潁集團的上升與譙沛集團的下降，其實是不足以解釋曹魏皇室覆亡的原因。

在魏晉時期的諸多問題中，由於學者們所關注的大多集中在與世族門第相關的議題上，〔註17〕如錢穆先生所發表的〈略論魏晉南北朝學術文化與當時門第之關係〉及鄺士元〈魏晉門第勢力轉移與治亂關係〉等論文，〔註18〕均對於門第世族的狀況有深刻的分析，然而對於魏晉政權變動中的其他因素卻較少論及，難免給予後人些許的遺憾與不足感。另外，尚有劉顯叔〈論魏末政爭中的黨派分際〉與盧建榮〈魏晉之際的變法派及其敵對者〉二文，分別針對曹魏末年的政爭做出解釋。〔註19〕劉氏在文中強調，魏末名士集團與司馬氏集團的政爭，是士大夫勢力與儒學大姓爭奪統治領導權的經過；盧氏則將曹爽、何晏等人視為變法改革派，重新詮釋曹魏政廷中變法派與敵對者之利害關係。近幾年中國大陸學者郭熹微所發表的一篇專論〈論魏晉禪代〉一文最為詳盡。〔註20〕郭氏在分析魏晉禪代的歷史事件時，將整個事件的過

曹氏族人的曹洪，雖有功於曹操，卻因曹丕舊恨而差點獲死罪，其際遇不可等同論之。日後，曹真、曹休並為曹丕所指定，擔任其子曹叡的輔政大臣，與陳群、司馬懿四人共同負責曹魏的軍國大事。由此可見，曹丕與這兩個集團成員的關係並不一致，甚至是因人而異，也就是說取決於其和曹丕的關係而有不同。夏侯尚、曹洪事見《魏志》卷9〈夏侯尚傳〉，頁293～294，及同卷之〈曹洪傳〉，頁278。

〔註17〕早期的唐長孺、周一良，後期的何啓民、毛漢光、田余慶等學者，再加上美、日等外國學者，均曾在世家大族的問題上有過耕耘，成績頗豐。宋德熹曾經針對世族門第的研究，發表〈中國中古門第社會史研究在臺灣——以研究課題取向為例（1949～1995）〉一文，詳細介紹在1949年到1995年，包含臺灣地區、中國大陸地區及香港地區，學者們的研究成果。文中另外提及日本學界在這方面的研究，亦投入相當多的努力與精神，獲得不錯的成果，並影響其他地區的研究。宋氏一文，收錄在《興大歷史學報》6，1996。

〔註18〕錢氏一文收錄在《錢賓四先生全集》（臺北：聯經出版社，1998）第19冊《中國學術思想史論叢（二）》，頁247～329。鄺氏一文，則收錄於鄺氏所著之《魏晉南北朝研究論集》（臺北：文史哲出版社，1984）

〔註19〕劉氏一文，收錄在《史學彙刊》9，1978，頁17～46。盧氏一文則收錄在《食貨月刊》復刊10：7，1980，頁7～24。

〔註20〕郭氏一文，收錄在《新史學》8：4，1997，頁35～78。全文甚長，所論述之

程分成幾個課題來討論，一爲曹魏政權的發展爲司馬氏提供的歷史機緣爲何；其次，分析曹爽、司馬懿政治鬥爭的內在因素；最末，則是分析在魏晉政局變化最烈、鬥爭風氣最盛之際，對當朝官僚、名士的思想上的影響。然而郭氏在論及司馬氏如何利用曹魏皇室衰弱之際崛起，並進而掌握整個政權的發展時，認爲曹魏政權的覆亡原因應根植於魏明帝曹叡時期。曹魏的覆亡，不過是曹叡時期許多內外矛盾、衝突的結果。〔註21〕郭氏的見解異於以往陳寅恪的不同政治階層的說法，而是將曹叡時期的許多政治問題串連起來，用以解釋曹叡託孤的矛盾，啓迪筆者良多。由於郭氏所要討論的範圍，是魏晉禪代的整個過程及變化爲主，除了述及曹魏衰弱的各種因素外，更多的討論重心則是放在司馬氏的建國過程，與當時官僚士人對魏晉禪代的心態。

　　在其他研究論文方面，則有李安彬所撰寫之碩士論文《司馬氏家族與曹魏政權關係之研究》。〔註22〕李氏以司馬氏家族在曹魏政權中的發展爲主題，企圖跳離以往政治鬥爭的說法，來重新描寫漢末曹魏時期的政治變化，並且解決佐晉功臣即爲佐魏功臣子弟的歷史問題。李氏的研究雖以司馬懿的仕宦生涯爲啓端，實際上的討論則以整個司馬氏家族的政治活動爲重心，反而忽視了給予司馬氏發展機會的曹叡時代；其次，在論述時常常發生史事與人名間的謬誤，難免予人不夠精良之嘆。因此，本文希望能夠藉著曹叡時期相關史料的整理，爲曹魏明帝曹叡時期的政治狀況做合理的解釋，並挖掘出其中所存在的各種問題，試圖重整曹魏在當時的政治風貌與政治脈絡。

　　曹魏明帝太和年間爆發的「太和浮華案」，是曹叡統治時期相當有名的一件政治案件。整個浮華案件所牽涉的人員，上自曹魏皇室疏族，下至當朝重臣子弟及政府新進官僚，直接影響了曹魏政權的運作，在曹魏君臣間形成反對的聲浪。曾經參與浮華交遊者也因此得到政治懲罰，被遣離於政治權力中心之外，直到曹叡去世、曹爽掌權之後，浮華之士才得以重回曹魏政權，在齊王曹芳正始年間得到施展抱負的機會。值得注意的是，在這些被懲處的浮華之士中，不少人是日後被稱爲「正始名士」的中心人物，如何晏、鄧颺等人。浮華交會的案件，實際上貫穿整個曹叡時期的政治發展，該如何重新詮釋這個歷史事件，

史事，從曹魏政權之覆亡到西晉司馬氏政權建國的過程，對魏晉政權的更替作相當詳盡的分析。

〔註21〕郭氏亦認爲高平陵事件及曹爽之誅，不過是延續曹叡時期的政治上的矛盾、衝突而所顯現出的另一個結果。見郭氏前揭文，頁52。

〔註22〕中國文化大學史學研究所碩士論文，1997。

就成為重建曹叡時期政治風貌時，所必須先面對的政治問題。

　　筆者會對曹魏覆亡的原因產生疑問與興趣，除了在閱讀魏晉之際的相關史料時，從對司馬氏成功建國的過程產生的疑惑，進而對魏晉禪代之際政治的情勢變化產生了更多的興趣；更重要的因素則是來自指導教授 陳師啓雲的啓發。由於前人研究中對於魏晉禪代的原因說法不一，故在論文的撰寫過程中，啓雲師一再提醒筆者，必須注意到在曹魏政爭的表面現象下，君臣間的關係發展存在著相互影響的狀況。雖然限於學識上的不足，許多問題的論述與史料的分析上，顯得過於粗疏、草率；仍然希望藉著相關的研究，引起更多學者們的興趣，對曹魏末年的各個相關議題提出討論，使魏晉南北朝的歷史研究可以獲得更多的進展與成果。也希望諸位先學針對文中的謬誤提出批評，以修正思想上的錯誤之處。

第二章　太和浮華案

　　在魏明帝曹叡太和（227～232）年間時，朝野中形成一股政治風潮，許多年輕的貴族名流聚集在京城洛陽一帶，彼此之間互相交遊、品評人物、清談名理，風靡於年輕一代的貴族子弟、官僚中，蔚爲一股社會風潮。明帝曹叡下詔禁止浮華交會的風氣，並對參與交遊的官員處以政治禁錮，史書上稱其爲「浮華事」或者「浮華交遊」。曾經參與浮華風氣的人物中，如何晏、夏侯玄、鄧颺等人，日後被稱爲「正始名士」，視其爲開啓正始玄風思想的中心人物。又因爲正始名士們的政治興趣相當濃厚，本身多直接參與朝政的運作與規劃，也影響了齊王曹芳正始年間（239～249）的政治活動發展。然而，無論浮華交會對正始年間的政治、思想的影響爲何，浮華案仍是曹叡時期最重要的一個政治事件。浮華案的成因，其實是可以往上追溯東漢末年的察舉與人物評鑑傳統，特別是政治上強烈的清議精神。〔註 1〕浮華之士亦如東漢黨錮名士，企圖以聲名卓越的名士群體爲主，建立一個別於中央政權之外的人才評鑑規則，並進而影響政府的選官任才標準。對於掌握政治權力的皇帝而言，浮華交游所造成的風氣，除了影響政府選官任才的標準外，也干預了朝廷的運作，間接影響政權的穩定性，威脅到政府與皇帝的權威。是以，從曹操到曹魏文帝曹丕，都密切注意著浮華風氣的發展狀況，從東漢末、曹魏初年爆發的魏諷、曹偉事件，可見一斑。董昭在批評浮華交會的風氣時，

〔註 1〕如劉顯叔在其〈論魏末政爭中的黨派分際〉一文中，專文討論曹魏齊王芳正始年間以曹爽爲代表的名士集團（或稱士大夫集團）和以司馬懿爲代表的儒家大姓集團的鬥爭。在溯及浮華案時，即提到浮華交遊的風氣始自東漢末年的政治清議風氣與反抗宦官的鬥爭。

即言：

> 凡有天下者，莫不貴尚敦樸忠信之士，深疾虛僞不眞之人者，以其
> 毀教亂治，敗俗傷化也。近魏諷則伏誅建安之末，曹偉則斬戮黃初
> 之始。〔註2〕

可見時人亦認爲浮華之風的淵源，可以往上追溯至東漢末年的政治狀況。〔註3〕
浮華風氣之所以受到時人的關注，即因其在政治、社會上有「毀教亂治，敗俗
傷化」的影響力。曹叡對於太和浮華事件的注意，也繼承了其先人對於東漢末、
曹魏初年政治、社會風潮的關注。〔註4〕然而，除了考慮到曹叡繼承前人反浮
華想法的因素外，對於年齡與浮華成員相近的曹叡，究竟是以何種心態來懲處
浮華之士，卻是值得我們再思考的問題。

第一節　太和浮華案之始末

在正始談玄風潮初興之時，不可避免地受到許多外在的批評與攻擊。最
具代表性的言論，即是在曹叡時期擔任司徒的董昭，於太和年間上疏給皇帝，
表達反對浮華風氣的疏文。〔註5〕董昭直言批評當時青年彼此之間結黨，互相

〔註2〕《魏志》卷14〈董昭傳〉，頁442。

〔註3〕關於浮華風氣與東漢末年政治的關係，詳見劉顯叔，〈東漢魏晉的清流士大夫
與儒學大族〉一文（《勞貞一先生七秩榮慶論文集》抽印本，1978。筆者原本
尋覓無處，後得作者惠贈，特此誌謝），對於東漢清議的流變，也有相當詳盡
的論述。

〔註4〕如曹操在給孔融的書信中，即言：「孤爲人臣，進不能風化海內，退不能建德
和人，然撫養戰士，殺身爲國，破浮華交會之徒，計有餘矣。」全文收錄在
新校標點本・《後漢書》卷70〈孔融傳〉，頁2273。這段說法值得注意的地方，
在於曹操將破除浮華風氣與對外征戰相提並論，可以想見曹操對浮華一事的
重視。曹丕對於眾人互相議論的情況也相當注意，認爲臧否之談會干預政府
的人才選舉，因此採用陳群的建議，制定九品官人法。相關的研究，見劉顯
叔，〈東漢魏晉的清流士大夫與儒學大族〉，頁227。

〔註5〕關於曹叡時期爆發的太和浮華案，在時間上並沒有明確的斷限，而董昭上疏
的時間，《魏書》也沒有明確可考的時間，《通鑑》將此疏文繫於太和四年，
王曉毅則根據《魏書・董昭傳》的記載，將上疏的時間暫定於太和六年，見
王氏〈論曹魏太和"浮華案"〉，頁16～17。王氏一文原收錄於《史學月刊》
1996：2，後收錄在《魏晉南北朝隋唐史》複印報刊資料，1996：4。王氏根
據董昭擔任司徒的時間，把董昭上疏及曹叡下詔懲處浮華之士的時間繫於太
和六年，清代萬斯同《魏方鎮年表》的記載，畢軌出任并州刺史的時間爲太
和五年。萬表收錄在《二十五史補編》（臺北：開明書局，1974）臺三版、第

標榜與批評，影響社會風氣甚巨，結果導致了風俗與人心的敗壞。董昭上疏的全文收錄在《魏志‧董昭傳》中，其內容為：

> 凡有天下者，莫不貴尚敦樸忠信之士，深疾虛偽不真之人者，以其毀教亂治，敗俗傷化也。近魏諷則伏誅建安之末，曹偉則斬戮黃初之始。伏惟前後聖詔，深疾浮偽，欲以破散邪黨，常用切齒；而執法之吏皆畏其權勢，莫能糾摘，毀壞風俗，侵欲滋甚。竊見當今年少，不復以學問為本，專更以交遊為業；國士不以孝悌清脩為首，乃以趨勢遊利為先。合黨連群，互相褒歎，以毀訾為罰戮，用黨譽為爵賞，附己者則歎之盈言，不附者則為作瑕釁。至乃相謂「今世何憂不度邪，但求人道不勤，羅之不博耳；又何患其不知己矣，但當吞之以藥而柔調耳。」又聞或有使奴客名作在職家人，冒之出入，往來禁奧，交通書疏，有所探問。凡此諸事，皆法之不所取，刑之所不赦，雖諷、偉之罪，無以加也。〔註6〕

其中一段的「竊見當今年少，不復以學問為本，專更以交遊為業；國士不以孝悌清脩為首，乃以趨勢遊利為先。合黨連群，互相褒歎，以毀訾為罰戮，用黨譽為爵賞，附己者則歎之盈言，不附者則為作瑕釁。」即是當時浮華之士互相交遊的寫照。從這段文字中，除了表現出曹魏社會浮華風氣興盛的實況，也可以看到當時新一代官僚彼此間的聯繫相當密切。更值得注意的事，把這些青年士人聚集起來的關鍵，即在於其共同具有對政治的高度興趣，所以才會互相交遊，並派遣奴客出入宮廷來打聽政府的最新消息。姑且不論董昭批評浮華之士的名聲「虛偽不真」是否屬實，可以想見當時士人藉著浮華交遊所獲得名聲，已經大得足以引起朝廷的注意。其次，參與的交遊的士人中，雖是以青年士人為主，其中亦不乏曹魏宗室子弟、功勳大臣子弟與新一代的新興官僚。對於曹魏政廷而言，這就嚴重影響日後政府對朝政的規劃與控制。

2冊。根據史書的記載，可以確定畢軌曾經參與浮華交遊，屬於被懲處的人員之一，可見得《通鑑》的說法並非無由。因此我們可以肯定早在太和四年，魏廷已經有懲處的動作出現，而董昭上疏一事，不過是讓朝廷的懲處行動更加明顯及擴大化。因此曹魏政廷對於浮華事的懲處行動，在時間的斷限，可以追溯到太和四年，以太和六年為時間下限。太和六年以後，由於相關的士人都被貶離於權力中心外，因此史書上就沒有再記載朝廷的懲處了。

〔註6〕《魏志》卷14〈董昭傳〉，頁442。

根據裴松之注解《三國志》所引用的《世語》，當時參與浮華交會的士人有以下數人：

> 是時也，當世俊士散騎常侍夏侯玄、尚書諸葛誕、鄧颺之徒，共相題表，以玄、疇四人爲四聰，誕、備八人爲八達，中書監劉放子熙、孫資子密、吏部尚書衛臻子烈三人，咸不及比，以父居勢位，容之爲三豫，凡十五人。帝以構長浮華，皆免官廢錮。〔註7〕

山東大學歷史系教授王曉毅即曾針對這個歷史事件發表〈論曹魏太和"浮華案"〉一文，專文討論浮華案發生的原因、影響與歷史意義。〔註8〕暫且不論浮華之士對魏晉思想史的影響爲何，〔註9〕但在曹叡時期的政治環境中，浮華風氣所招致的反對聲浪，卻使得參與浮華者獲得相當嚴重的政治懲罰。王氏在其文中詳列當時參與浮華交會士人的家世背景、生卒年，以及太和時期的仕宦經過，共有下列數人：

〔註7〕《魏志》卷28〈諸葛誕傳〉，頁769。

〔註8〕見王氏前揭文，王氏提到參與浮華的士人，多是出身豪門、初步入仕途，且平均年齡爲二十歲左右的青年士人。王氏認爲這些青年士人是「一些人格獨立性較強的新派人物。」頁15。他認爲這些士人的活動可分爲三類：一爲自發地聯合起來，互相交遊，建立政治關係網絡；二爲品評人物，形成自己的人材輿論；三爲探討社會政治和宇宙人生哲理，以宣洩過盛的思想能量。王氏並認爲這樣的活動，對於當時的青年士人巨大的吸引力，一方面在於新思想的感召，更重要的是人物品評的內容。藉由人物的品評，得以參與更高層的政治活動，甚至足以左右中央任官擇才的活動與標準，因此引起作爲當權派的魏初名士集團的不滿。由於成員彼此之間互相的標榜及評論，並對當世人物做高下、優劣的分別，嚴重干擾了政府的選官活動，引起原本的朝中舊臣與皇帝的注意。由於所參與的人物以曹魏舊有官僚、重臣的第二、三代子弟等新進政府官員爲主，招致當權大臣的不滿，於是上書勸明帝禁浮華會，導致禁錮浮華會成員的結果。另在王曉毅較早發表的〈正始改制與高平陵政變〉一文中，則將曹魏明帝至齊王芳正始年間的朝臣分爲魏初名士與正始名士二個集團，主要是爲曹魏朝臣新、舊二代之間的政治衝突。在意識形態上，則是魏初名實派與玄學派的衝突。《中國史研究》1990：4，頁74～83。

〔註9〕《晉》卷43〈樂廣傳〉，頁1243，「（西晉）尚書令衛瓘，朝之耆舊，逮與魏正始諸名士談論，見廣而奇之，曰：『自昔諸賢既沒，常恐微言將絕，而今乃復聞斯言於君矣。』」何晏等正始名士雖因政治立場與司馬懿、司馬師、司馬昭父子三人不同，而爲其所剷除殆盡，但在學術思想上，依然被視爲玄學宗主，受到後人的懷念。王氏亦在〈論曹魏太和"浮華案"〉一文中，肯定浮華交會實際上是魏晉玄學思潮的先河，正始之音的序曲，影響魏晉南北朝的學術思想活動，也就是談玄與玄學的發展。以何晏、王弼等爲首的正始名士是玄學風潮之開創者，在日後玄學發展中，一直佔有相當重要的地位，並成爲東晉南北朝談玄人士的典範。

姓　　名	字	生卒年	太和時職務	東漢家世	父兄名及在曹魏官職
何　晏	平叔	？～249	駙馬騎都尉	祖父何進	養父曹操
夏侯玄	太初	209～254	羽林監		父夏侯尚、征南將軍
諸葛誕	公休	？	尙　書	諸葛豐後代	
鄧　颺	玄茂	？～249	中書郎		
丁　謐	彥靖	？～249	度支郎中		父丁斐、典軍校尉
畢　軌	昭先	？～249	黃門郎		父畢子禮、典農校尉
李　勝	公昭	？～249			父劉休、太守
劉　熙				漢王室後代	父劉放、中書監
孫　密					父孫資、中書令
衛　烈				祖父衛茲漢末名士	父衛臻、司徒、太尉
裴　徽	文季			世爲著姓	父裴茂、封列侯兄裴潛、尙書令
荀　粲	奉倩			曾祖父荀淑	父荀彧、尙書令
李　豐	安國	？～254	給事中		父李義、衛尉
劉　陶	季治	？～255		漢王室後代	父劉曄、大鴻臚
傅　嘏	蘭石	209～255	司空掾	祖父傅睿東漢太守	父傅充、黃門侍郎
司馬師	子元	208～255		世爲二千石	父司馬懿、大將軍

　　根據王氏的分析，表上的人物有幾個共同特色：一爲，這些士人參與浮華交遊時的平均年齡一般約在二十至三十歲間；其次，浮華案發時，這些人均身在洛陽，有些人甚至已在中央機關任官；其次，無論祖先背景爲何，這些人的父兄輩都可以算是曹魏朝廷的新貴，是漢末士人與土豪融合而成的政治新貴，在社會身分和文化上已經互相認同。〔註10〕因此其子弟藉著父兄輩的關係而相聚在京師，形成爲一股新風潮，甚至影響到當時的社會輿論與評判標準。暫且不論這股風氣所代表的社會意義，在《晉陽秋》中，卻保留了一段當時士人彼此交遊的實景，即太和初年荀粲到洛陽與傅嘏的談論，以及裴徽居中調和的記載。〔註11〕值得注意的是在思想上透過互相論難後，荀

〔註10〕同王氏前揭文，頁17～18。
〔註11〕《魏志》卷10《荀彧傳》，頁320，裴注：「太和初，（荀粲）到京邑與傅嘏談。

－15－

粲、傅嘏、裴徽，甚至是夏侯玄彼此之間所產生的聯繫關係，文末並提到荀
粲

> 簡貴，不能與常人交接，所交皆一時俊傑。至葬夕，赴者裁十餘人，
> 皆同時知名士也。〔註12〕

傅嘏、裴徽、夏侯玄等人，皆因能言而為時人所重，可以想見荀粲所交遊的
士人，均具備參與談論的能力。特別是荀粲不與「常人交接」的態度，而所
交往的皆是輿論界的知名人物，可以看出當時的名士群體形成一股認同感。
〔註13〕這種群體之間的彼此認同感，往往成為其他知識分子所嚮往的對象，
思想潮流的代表。因此，除了身分背景上的相似外，具備社會思想上的號召
能力也是一項不可或缺的條件。

在當時世人及後人的眼中，何晏、夏侯玄、鄧颺等領袖人物，能夠成為
當代青年輿論中的代表人物，即因其所具有的個人特色。在《魏志·傅嘏傳》
裴注引《傅子》中，即分別提到當時浮華會中領袖人物的個人特色：

> 是時何晏以材辯顯於貴戚之間，鄧颺好變通，合黨徒，鬻聲名於閭
> 閻，而夏侯玄以貴臣子少有重名，為之宗主。〔註14〕

王曉毅即認為何晏是以一個思想家的形象出現，特別是其對人材問題的雄辯
"才辯"，而馳名於思想界；鄧颺則善於聯繫交際，並打通各種人事關係；
夏侯玄以其人格的內在力量，居於宗主。〔註15〕由於三人響亮的名聲與鮮明
的特質，成為當時有意於仕途的青年士人，所爭相結交的對象。然而從這段
形容中，突顯出浮華名士必須具備的基本特質，即才思出眾、善於交際、具
有社會名聲等等，最重要的是對於一般大眾必須具有號召力。正因為他們在
朝野的聲名、影響力太大，吸引了皇帝與滿朝重臣的注意，成為曹叡君臣所
要打壓、打擊的對象。在《魏志·曹爽傳》即記載了當時的狀況：

> 南陽何晏、鄧颺、李勝、沛國丁謐、東平畢軌咸有聲名，進趣於時，
> 明帝以其浮華，皆抑黜之；及爽秉政，乃復進敘，任為腹心。〔註16〕

嘏善名理而粲尚玄遠，……裴徽通彼我之懷，為二家騎驛，頃之，粲與嘏善。
夏侯玄亦親。」

〔註12〕《魏志》卷10《荀彧傳》，頁320。

〔註13〕荀粲不與常人交接的態度，實際上和東漢清流士人分別清濁的態度有很大的
關連。見劉顯叔〈東漢魏晉的清流士大夫與儒學大族〉，頁215～226。

〔註14〕《魏志》卷21〈傅嘏傳〉，頁624。

〔註15〕王氏前揭文〈論曹魏太和"浮華案"〉，頁14。

〔註16〕《魏志》卷9〈曹爽傳〉，頁283。

傳末裴松之又引《魏略》的記載，以補敘鄧颺、李勝、丁謐、畢軌四人的事蹟。

> 鄧颺字玄茂，鄧禹後也。少得士名於京師。……初，颺與李勝等為
> 浮華友，及在中書，浮華事發，被斥出，遂不復用。正始初，乃出
> 為穎川太守。〔註17〕

> 李勝字公昭。……勝少游京師，雅有才智，與曹爽善。明帝禁浮華，
> 而人白勝堂有四窗八達，各有主名。用是被收，以其所連引者多，
> 故得原，禁錮數歲。帝崩，曹爽輔政，勝為洛陽令。〔註18〕

《魏志‧諸葛誕傳》：

> 諸葛誕字公休，……累遷御史中丞尚書，與夏侯玄、鄧颺等相善，
> 收名朝廷，京都翕然。言事者以誕、颺等脩浮華，合虛譽，漸不可
> 長。明帝惡之，免誕官。會帝崩，正始初，玄等並在職。復以誕為
> 御史中丞尚書，出為揚州刺史，加昭武將軍。〔註19〕

《魏志‧明帝紀》提到曹叡在太和四年（228）二月特別針對浮華一事下詔，明言：「浮華不務道本者，皆罷退之。」，〔註20〕聲明罷退與浮華事有關連的官僚及貴族子弟。案件爆發之後，由於被牽連的朝臣子弟過眾，曹叡最後僅能以免官在家不用為懲戒手段。終曹叡之世，因浮華案而被廢錮在家的夏侯玄、鄧颺、諸葛誕等人，也沒有任何較為明顯的政治活動出現。這樣的政治禁錮，一直要到齊王曹芳繼位、曹爽輔政後，才有改觀的機會，而浮華之士也重新在政治上受到任用。可見曹叡打擊浮華交遊的決定，相當地徹底及不寬貸。

在被罷黜的臣僚、官宦子弟中，除了與曹氏宗族有關連，且甚為著名的的夏侯玄外，還有一個值得注意的人物，即司馬懿的長子司馬師。司馬師，字子元，史書上稱他「雅有風彩，沈毅多大略。少流美譽，與夏侯玄、何晏齊名。」〔註21〕夏侯玄、何晏是曹叡時代並稱的名士與當代學術思想的領袖，聲名甚著。《晉書》上說司馬師和夏侯玄、何晏兩人齊名，暫且不論《晉書》的說法是否有溢美之嫌，值得注意的是史書在論及參與太和浮華案的官宦子弟時，雖沒有提到司馬師的名字，然而從三人後來在曹叡時代的政治活動狀

〔註17〕《魏志》卷9〈曹爽傳〉，頁288。
〔註18〕《魏志》卷9〈曹爽傳〉，頁290。
〔註19〕《魏志》卷28〈諸葛誕傳〉，頁769。
〔註20〕《魏志》卷3〈明帝紀〉，頁97。
〔註21〕《晉書》卷2〈景帝紀〉，頁25。

況，可以確定司馬師一樣受到浮華案的牽連，遭到曹叡的政治懲罰。《晉書‧景帝紀》提到司馬師在曹魏仕途的發展，起於「魏景初中拜散騎常侍，累遷中護軍。」〔註22〕景初（237～239）是曹叡死前所使用的最後一個年號，曹叡於景初二年（238）十二月疾篤、死於景初三（239）年正月，由齊王芳繼位後，該年仍然沿用景初三年的年號，次年方改元爲正始元年（240）。這裡所提到的「魏景初中拜散騎常侍」的景初當指齊王繼位之後。參考《晉書‧宣帝紀》的記載，清楚可見，史書曰：

> 及齊王即帝位，（司馬懿，即宣帝）遷侍中、持節、都督中外諸軍、錄尚書事，與（曹）爽各統兵三千人，共執朝政，更直殿中，乘輿入殿。爽欲使尚書奏事先由己，乃言於天子，徙帝爲大司馬。朝議以爲前後大司馬累薨於位，乃以帝爲太傅，……以世子（司馬）師爲散騎常侍，子弟三人爲列侯，四人爲騎都尉。帝固讓子弟官不受。〔註23〕

司馬懿是曹魏對蜀漢作戰的重要將領之一，功績顯赫，以善戰聞名於魏廷，是曹丕、曹叡二朝的重要輔臣、將領，並連續擔任曹叡、曹芳二朝的顧命大臣。然而身爲司馬懿嗣子的司馬師，開始被朝廷受命爲散騎常侍，卻是在曹芳即位之後，相當地不合常理。司馬師生於東漢獻帝建安十四年（209），官拜散騎常侍時已經三十餘歲。相較於和司馬師齊名於當世的夏侯玄而言，其步入仕途的時間顯得很晚。夏侯玄於弱冠時繼承父親夏侯尙的爵位，於太和初年擔任散騎黃門侍郎。因此從司馬師真正步入政治仕途的時間來看，司馬師雖是重臣之後，亦不能倖免此次政治風暴之外。

　　不過，夏侯玄雖在太和初年擔任散騎黃門侍郎，然而從《魏志‧夏侯玄傳》文中所記載夏侯玄的仕途發展來看，雖然其早已知名於當世，仍然要到曹爽輔政之後，才有機會開始參與實際的政事運作，逐步由散騎常侍、中護軍等職遷升。〔註24〕根據清代萬斯同所撰的《魏國將相大臣年表》，夏侯玄擔任中護軍一職的時間在正始元年時。〔註25〕而原本擔任中護軍一職的大

〔註22〕《晉書》卷2〈景帝紀〉，頁25。

〔註23〕《晉書》卷1〈宣帝紀〉，頁13。

〔註24〕《魏志》卷9〈夏侯玄傳〉，頁295，文曰：「玄字太初，少知名。弱冠爲散騎黃門侍郎。嘗進見，與皇后弟毛曾並坐，玄恥之，不悅形之於色。明帝恨之，左遷爲羽林監。正始初，曹爽輔政，玄，爽之姑子也。累遷爲散騎常侍、中護軍。」

〔註25〕萬斯同《魏國將相大臣年表》，收錄在《二十五史補編》第2冊，頁2610。

臣，則先後有蔣濟、畢軌二人。萬表言蔣濟自太和二年（228）至景初元年均擔任中護軍將軍的職位，景初二年方由畢軌接任，直到景初三年止。到正始初年，畢軌轉任為司隸校尉，中護軍將軍一職才先後由夏侯玄、司馬師二人擔任，此時蔣濟則轉而擔任領軍將軍一職。〔註26〕《魏志·蔣濟傳》也提到蔣濟在齊王曹芳即位之後，又轉而擔任領軍將軍一職。由於兩者的時間相差不過一年，因此從蔣濟、畢軌等人官職的變化，可以看出著曹魏政治環境的變化。〔註27〕景初二、三年適逢曹叡駕崩、曹芳即位的關鍵，是魏廷重新任用浮華士人的一個關鍵，在《魏志·曹爽傳》，和裴松之所引的《魏略》中均將畢軌接任中護軍的時間放在齊王即位、曹爽輔政之後。而畢軌也是參與太和浮華交會的士人之一，並在浮華案中受到曹叡的懲戒，〔註28〕故《魏志》的記載，是可以信任的。〔註29〕

　　畢軌的兒子娶曹魏的公主，算是曹魏宗室的姻親，本身和曹叡又有故舊關係。根據萬氏《魏方鎮表》的記載，畢軌自曹叡太和五年（231）始，由中央出任并州任職刺史一職，直到正始元年才調回朝廷擔任中護軍。〔註30〕以地理上而言，并州位處曹魏的西北邊疆，是胡狄、漢人交界的地方，原本由梁習擔任并州刺史一職。史書稱其在并州二十餘年，有安定西北、邊境肅清之功。〔註31〕所以當畢軌出任并州刺史時，并州在梁習多年的努力經營

〔註26〕《魏國將相大臣年表》，頁 6，夏侯玄於正始四年出為雍州都督，轉由司馬師擔任中護軍將軍。

〔註27〕《魏志》卷 14〈蔣濟傳〉，頁 454。

〔註28〕見前引《魏志·曹爽傳》。

〔註29〕萬氏另著有《魏方鎮表》，亦收錄在《二十五史補編》第 2 冊。在此表中，提到廢帝（即齊王）正始元年，畢軌由并州刺史入為中護軍。并州刺史一職則由振威將軍、護匈奴中郎將田豫接任，頁 2619。畢軌接任中護軍時間與《魏國將相大臣年表》記載不同。另在《魏志》卷 9〈曹爽傳〉裴注引《魏略》，頁 289，則提到「畢軌，字昭先。……軌以才能，少有名聲。明帝在東宮時，軌在文學中，黃初末，出為長史。明帝即位，入為黃門郎，子尚公主，居處殷富。遷并州刺史。……至正始中，入為中護軍，轉侍中尚書，遷司隸校尉。素與曹爽善，每言於爽，多見從之。」由此段記載來看，畢軌和曹魏宗室有姻親關係；其次，在曹叡即位之前，畢軌本身即是曹叡的陪侍人員，關係匪淺。因此曹叡即位之後，即封其為黃門郎，後擔任并州刺史到齊王即位為止。值得注意的是他和曹爽的關係甚佳，他的意見大多受到曹爽採用。是以曹爽掌政之後，畢軌方由并州調回中央任職的說法應是可信的。

〔註30〕同萬氏前引表《魏方鎮表》，頁 2618、2619。

〔註31〕《魏志》卷 15〈梁習傳〉，頁 469，「遷為（太祖）屬。并土新併，習以別部司馬領并州刺史。時承高幹慌亂之餘，胡狄在界，張雄跋扈，吏民亡叛，入

下，已經成爲軍民安定的地區，並不是曹魏戰事中最緊張的地區。這時魏廷君臣的注意力均放在蜀漢和東吳的威脅上，特別是當蜀漢丞相諸葛亮於太和二年首次北伐，揭開了太和、青龍年間魏蜀戰爭的序幕。爲了對應蜀漢、東吳不時的軍事攻擊，曹叡把曹魏的軍事部屬重心放在西南和東南邊境上，同時派遣大將軍曹眞、右將軍張郃至西南邊境防守，復派曹休進軍至皖抗吳。曹眞死後，則續由司馬懿接替西南邊防大任，繼續對抗諸葛亮的軍事行動。可以看出當時曹魏君臣所關心的重心是在對蜀的問題上，所以大軍的佈置與主要將領的派遣均以西南戰場爲主，相較之下，并州反而成爲大家所忽視的地方。

　　曹叡青龍元年（233）時，保塞鮮卑大人步度根與叛魏的鮮卑大人軻比能私下交通，并州刺史畢軌將軍情上表告知曹叡，並親自率軍威嚇軻比能部落，以安撫步度根部落的情緒。然而畢軌的軍事行動，並沒有完成原先所規劃的結果，反而促成軻比能與步度根部落聯合，叛魏出塞，進而入寇中國邊境。曹叡在獲知軍情後，不得不另外派遣驍騎將軍秦朗率軍討伐，才解決并州胡狄入侵的問題。〔註32〕當時的中護軍蔣濟即針對這次畢軌的失利上表給曹叡，其表言：

> 畢軌前失，既往不咎，但恐是後難可以再。凡人材有長短，不可以彊成。軌文雅志意，自爲美器。今失并州，換置他州，若入居顯職，不毀其德，於國事實善。〔註33〕

在這段表文中，把畢軌軍事失敗的原因，歸於所謂的「材」上。蔣濟一方面

其部落：兵家擁衆，作爲寇害，更相扇動，往往棊跱。習到官，誘諭招納，皆禮招其豪右，稍稍薦舉，使詣幕府；豪右已盡，乃次發諸丁彊以爲義從；又因大軍出征，分請以爲勇力。吏兵已去之後，稍移其家，前後送鄴，凡數萬口；其不從命者，興兵致討，斬首千數，降附者萬計。單于恭順，名王稽顙，部曲服事供職，同於編戶。邊境肅清，百姓布野，勤勸農桑，令行禁止。……後單于入侍，西北無虞，習之績也。文遞踐阼，復置并州，復爲刺史。……太和二年，徵拜大司農。……（太和）四年，薨。」從這段記載可以看到，并州原本由高幹擔任刺史。高幹爲袁紹外甥，原本即領有并州刺史，後以并州降曹操，趁曹操北征烏丸時復叛，爲曹軍所擊滅。梁習在并州二十多年的經營下，針對胡狄交錯、地方豪右彊兵的狀況加以整治，做到胡狄歸順臣服、百姓安居樂業的成果。使曹魏無西北之憂，得以專心致力於來自西南東南方的蜀漢、孫吳威脅。

〔註32〕《魏志》卷3〈明帝紀〉，頁99～100。
〔註33〕《魏志》卷9〈曹爽傳〉，頁289，裴注引自《魏略》的記載。

直接點明軍事並非畢軌的專長，但是另一方面又肯定他是個「文雅志意，自為美器」的人才，入居中央任職比在地方任職更為恰當。實際上，曹叡對畢軌缺乏軍事才能的狀況並不是一無所知。當曹叡接到畢軌企圖出軍威鎮鮮卑的表章時，即已先看出畢軌的軍事策略反而會造成反效果，所以急忙下詔阻止畢軌出軍，要求其「以出軍者慎勿越塞過句注」，〔註34〕然而畢軌已經進軍屯於陰館，並遣蘇尚、董弼二將追擊鮮卑，曹叡的詔令來不及阻止畢軌的行動，招致出軍行動失敗。值得注意的是，在此次鮮卑部落叛亂的事件之後，畢軌仍然繼續擔任并州刺史，在史書中也完全看不到曹叡有任何懲罰畢軌失利的行動。即使蔣濟上表直言軍事非畢軌所長，曹叡也認同蔣濟說法的情況下，在歷經青龍、景初時期，均未見曹叡將其調回中央。直到曹叡死後，畢軌才得以由并州遷回中央任職。

　　這裡就牽涉到兩個問題：首先，曹叡為什麼沒有處罰畢軌？其次，既然明知軍事非其所長，曹叡為什麼仍然讓畢軌在失利後繼續擔任并州刺史？當然，曹叡是否處罰畢軌的錯誤，可能牽涉到史料記載有無散佚的狀況。如果把這個問題和畢軌繼續擔任并州刺史的史書記載來看，曹叡沒有處罰他的事實就相當明顯。畢軌是曹魏宗室姻親、曹叡故舊等等因素，都可能是他不被處罰的原因，但是實際上最主要的原因應是曹叡派遣其到并州任職時，早就已經明白畢軌在軍事上的不足，所以這次戰爭失利的原因，失於曹叡自己選任非人。在蔣濟的表文中，曾提到「畢軌前失，既往不咎」，證明了曹叡並沒有懲處畢軌軍事行動的失利。其次，蔣濟也明白地表達出「畢軌是可以原諒」的態度。蔣濟很清楚畢軌失利的根本原因，在於曹叡明知其不能而用之，故畢軌之失，情猶可原。既然曹叡在派遣畢軌出鎮并州時，即已知道這個決定是不智的，那為什麼曹叡仍然執行這個決定呢？原因就出在於畢軌參與士人浮華交遊的風氣，并州刺史的任命本身帶有政治懲罰的意味。曹叡藉著并州刺史的任命，將畢軌外放至地方，一方面保存姻親、故舊之情，一方面也藉著遠離中央權力中心，達到懲罰的目的。曹叡任命畢軌出任并州，目的即在於政治懲罰，而不是真正希望他能完成安定邊疆的工作。當畢軌上表出軍時，曹叡即已預知畢軌之敗，是以軍事失利後，也不加以處罰，仍然讓其繼續擔

〔註34〕文出《魏志》卷3〈明帝紀〉，頁100。又同頁，明帝看到畢軌的表時，即直接批評其策略之不當，言曰：「步度根以為比能所誘，有自疑心。今軌出軍，適使二部驚合為一，何所威鎮乎？」

任并州刺史，長達數年之久，徹底隔絕畢軌於中央權力中心之外。畢軌的任命，不過是延續曹叡在政治上處罰浮華士人的一貫方針，即是讓其徹底遠離曹魏的權力核心。

第二節　曹魏政府對浮華風氣的思想反制：尊儒貴學

在前一節的討論中，曹叡對於當時的浮華風氣深感厭惡，特別在太和四年（230）春二月的詔令中，譴責浮華之士的行為，並一再重申經學的重要性。其文曰：

> 「世之質文，隨教而變。兵亂以來，經學廢絕，後生進趣，不由典
> 謨。豈訓導未洽，將進用者不以德顯乎？其郎吏學通一經，才任牧
> 民，博士課試，擢其高第者，亟用；其浮華不務道本者，皆罷退之。」
> 戊子，詔太傅三公：以文帝〈典論〉刻石，立於廟門之外。〔註35〕

曹叡提倡「尊儒貴學」的目的，主要可以區分為兩個作用：在政治上藉著提倡經學、恢復博士考課的方式，來拔擢新的政治人才，並排斥以名聲取祿的浮華分子；在學術思想上則是透過尊儒貴學的方式，透過經學的務實思想，徹底否定浮華思想的存在意義。早在曹叡即位之初，曹叡即已經注意到尊儒貴學的重要性。太和二年（228）的詔文即明言：

> 尊儒貴學，王教之本也。自頃儒官或非其人，將何以宣明聖道？其
> 高選博士，才任侍中、常侍者。申敕郡國，貢士以經學為先。〔註36〕

曹魏宗室雖在名義為東漢宦官曹騰之後，卻頗為雅好文學，從《魏志》中所記載的曹操、曹丕、曹植父子來看，均可以發現其雅愛文學的一面，因此三曹的著作一直是魏晉文學中的代表作品之一。文帝曹丕甚至以著述為業，留下許多著名的文學作品，如《典論》等文，開文學評論之先河，並下詔諸儒撰集經傳，編成《皇覽》一書。〔註37〕曹叡本人亦好讀書，在其即位之前，

〔註35〕頁 97。
〔註36〕《魏志》卷 3〈明帝紀〉，頁 94。
〔註37〕《魏志》卷 2〈文帝紀〉，頁 88，「初，文帝好文學，以著述為務，自所勒成
　　　　垂百篇。又使諸儒撰集經傳，隨類相從，凡千餘篇，號曰：《皇覽》。」傳末
　　　　同頁，裴注引《魏書》文帝與王朗書，言到：『生有七尺之軀，死唯一棺之士，
　　　　唯立德揚名，可以不朽，其次莫如著篇籍。疫癘數起，士人彫落，余獨何人，
　　　　能全其壽？』故論撰所著〈典論〉、詩賦，蓋百餘篇，集諸儒於肅城門內，講
　　　　論大義，侃侃無倦。」又引〈典論〉文帝自序曰：「上（指曹操）雅好詩書文

潛心於經典學術之中。〔註 38〕對於飽經漢末戰亂的儒學而言，是一個可以稍
微喘息、並得以復興的機會。然而在《魏志・王肅傳》傳末注中，裴松之引
魚豢的《魏略》序，文曰：

> 從初平之元，自建安之末，天下分崩，人懷苟且，綱紀既毀，儒道
> 尤甚，至黃初元年之後，新主乃復始掃除太學之灰炭，補舊石碑之
> 缺壞，備博士之員錄，依漢甲乙以考課。申告州郡，有欲學者，皆
> 遣詣太學。太學始開，有弟子數百人。至太和、青龍中，中外多事，
> 人懷辟就。雖性非解學，多求詣太學。太學諸生有千數，而諸博士
> 率皆鹵疏，無以教弟子。弟子本亦避役，竟無能習學，冬來春去，
> 歲歲如是。又雖有精者，而臺閣舉格太高，加不念統其大義，而問
> 字指墨法點注之間，百人同試，度者未十。是以志學之士，遂復陵
> 遲，而末求浮虛者各競逐也。正始中，有詔議圜丘，普延學士。是
> 時郎官及司徒領吏二萬餘人，雖復分布，見在京師者尚且萬人，而
> 應書與議者略無幾人。又是時朝堂公卿以下四百餘人，其能操筆者
> 未有十人，多皆相從飽食而退。〔註 39〕

集，雖在軍旅，手不釋卷，每每定省從容，常言人少好學則專思，長則善忘，
長大而能勤學者，唯吾與袁伯業耳。余於是少頌詩、論，及長而備歷五經、
四部，《史》、《漢》、諸子百家之言，靡不畢覽。」從曹丕自序學習經過，可
以發現他所學習的範圍相當廣泛，包含儒家的經典及詩賦。此外，旁述及曹
操的好學、好知。見〈武帝紀〉，頁3，裴注引孫盛《異同雜語》曰：「博覽群
書，特好兵法，抄集諸家兵法，名曰《接要》，又注《孫武》十三篇，皆傳於
世。」及頁4，《魏書》曰：「拜議郎，常託疾病，輒告歸鄉里，築室城外，春
夏習讀書傳，秋冬弋獵，以自娛樂。」其次，因為世局混亂，所以曹操除了
讓曹丕讀書外，也教其騎射，故曹丕於序文中，即言「夫文武之道，各隨時
而用。」頁89。曹操及曹丕好讀書一事，史書上記載頗多，故不多論，即使
是以軍功見長的曹彰，在其幼年時，曹操依然要求其多讀書，事見曹彰本傳。

〔註38〕《魏志》卷3〈明帝紀〉，頁108。裴注引《魏書》：「初，文皇帝即位，以受
禪于漢，因循漢正朔弗改。（明）帝在東宮著論，以為五帝三王雖同氣共祖，
禮不相襲，正朔自宜改變，以明受命之運。及即位，優游者久之，史官復著
言宜改，乃詔三公、特進、九卿、中郎將、大夫、博士、議郎、千石、六百
石博議，議者或不同。帝據古典，甲子詔曰：『……故仲尼作《春秋》，於三
微之月，每月稱王，以明三正迭相為首。今推三統之次，魏得地統，當以建
丑之月為正月。考之群藝，厥義章矣。其改青龍五年三月為景初元年四月。』」
由這段文字記載，可以看出明帝對古典亦有涉獵，所以可以古禮發表議論，
並在即位之後根據古典經書來擇定正朔，解決朝臣之爭。

〔註39〕頁420～421。

對於曹魏儒學的發展狀況卻頗多責難。從文中來看，魚豢相當肯定曹操、曹丕在恢復東漢末年儒學衰敗一事上的努力，特別是重建在漢末戰亂中嚴重受損的太學、博士弟子制度。魚豢卻注意到在曹叡即位之後，太學並沒有真正發揮提倡學術的功能，也沒有達到從博士弟子選拔、儲備官員的功用。太學反而成為士人避役、交遊之處，徒具虛名而已。在太和二年、四年的詔文中，朝廷所強調以經學取士的理想，在日後曹魏的政廷、學術發展來看，並沒有真正落實到政治上。即使到了齊王曹芳正始年間，都還有政府官吏不知書墨的窘況發生。曹叡時期所提倡的尊儒貴學的口號，政治上的意義顯然重於學術上的意義。

從太和四年的詔書來看，曹叡之所以強調經學儒術，目的在於斷絕世俗崇尚浮華、不務學業之風。當時的臣僚對浮華風氣的反感，並不下於皇帝本人，是以提倡學術、排斥浮華的呼聲不斷。因此，在曹叡時期的朝政運作中，君臣之間排斥浮華交會的態度是相當地一致；在對發揚學術的態度上，也有異曲同工之妙，值得後人去深究魏晉時人對於學術的態度。曹叡初即位時，高柔曾經針對博士執經一事上疏，文曰：

「臣聞遵道重學，聖人洪訓；褒文崇儒，帝者明義。昔漢末陵遲，禮樂崩壞，雄戰虎爭，以戰陳為務，遂使儒林之群，幽隱而不顯。太祖（曹操）初興，愍其如此，在於撥亂之際，並使郡縣立教學之官。高祖（曹丕）即位，遂闡其業，興復辟雍，州立課試，於是天下之士，復聞庠序之教，親俎豆之禮焉。陛下臨政，……然今博士皆經明行脩，一國清選，而使遷除限不過長，懼非所以崇顯儒術，帥勵怠惰也。孔子稱『舉善而教不能則勸』，故楚禮申公，學士銳精，漢隆卓茂，搢紳競慕。臣以為博士者，道之淵藪，六藝所宗，宜隨學行優劣，待以不次之位。敦崇道教，以勸學者，於化為弘。」帝納之。〔註40〕

高柔在文中要求皇帝要崇顯儒術，招攬士人參政，他的建議並得到曹叡的認可。從疏文中，可以看到高柔有往上繼承曹操、曹丕復興儒學政策的企圖。然而從《魏志》本傳來考察其一生的行事，高柔本身並非出自經學傳家或深炙於儒學的儒生，思想上也還不足以被視為純粹的儒家思想；其次，他在曹魏的仕途發展一直不離刑律的相關範疇，在行事上也帶有律學的色彩。這樣

〔註40〕《魏志》卷24〈高柔傳〉，頁685～686。

的出身背景，卻延伸出日後高柔建議曹叡崇顯儒術的狀況，其動機值得討論。
〔註41〕根據《魏志》本傳，高柔字文惠，乃陳留圉人，父親高靖曾經在東漢
末年擔任蜀郡都尉。都尉一職，根據司馬彪《後漢書‧志》卷 28〈百官五〉
的記載：

> 凡郡國皆掌治民，進賢勸功，決訟檢姦。……〔尉一人〕，典兵禁，
> 備盜賊，景帝更名都尉。……中興建武六年，省諸郡都尉，并職太
> 守，無都試之役。〔註42〕

在傳末注中附有應劭的解說，注曰：「每有劇（職）〔賊〕，郡臨時置都尉，
事訖罷之。」〔註43〕從以上的職權來看，都尉屬於郡國長官的下層僚屬，平
時主要負責追緝盜賊的工作，主武事。因此，在地方官吏中的層級並不高，
也不是地方郡守的主要幕僚，屬於實際政務的執行者。其次，在本傳裴注附
有《陳留耆舊傳》，詳述陳留高氏的先世生平，雖然可以往上追溯到西漢末
年王莽時代，但在東漢時期甚少在朝廷擔任中央官或顯官要職。然而陳留高
氏在東漢時代屢有先祖被舉爲孝廉，顯示陳留高氏與東漢政府的政治活動仍
然保有相當程度的聯繫，不過在實際任官方面仍是以地方官居多，因此陳留
高氏並不是東漢中央政權中特別引人注目的家族，也未有世傳儒學的記載。
〔註44〕值得注意的是在傳末裴注所引用的的《晉諸公贊》，文中敘述高柔子
嗣的仕宦經過，提到高柔的三子高光「少習家業，明練法理。晉武帝世，爲

〔註41〕楊鶴皋在其《魏晉隋唐法律思想研究》（北京：北京大學出版社，1995）一書
中，討論到魏晉南北朝的法律思想演變時，即認爲自東漢末開始，有些儒者
轉而開始注意對現實問題的討論，因此注重「名法之治」的研究，認爲律學
是正統儒學的一個組成部份。西晉時期援法入儒的成果，雖是晉代儒者努力
的結果，然而其根源卻必須往上溯及漢魏時期儒者的耕耘。頁 2。因此，楊氏
在論及魏晉時期的律學理論時，除了提到東漢的經學大師馬融、鄭玄本身也
精通律學外，還將曹魏時期的儒者：陳群、鍾繇、曹羲、劉劭、丁儀、傅幹
等人，歸於律學家，可見到漢魏時期儒學、律學之間的發展關係頗深。頁 99
～100．．
〔註42〕《後漢書‧志》，頁 3621。按：《後漢書》原本無志，現行的新校標點本，在
書後補上司馬彪的《續後漢書》八志，共 30 卷。下文，凡敘及〈志〉的部份，
皆以《後漢書‧志》方式書之。
〔註43〕頁 3622。
〔註44〕文中敘述高靖的先世，起自西漢末高固。高固因不仕於王莽世被害，子高慎
歷縣令、東萊太守，後因病歸家，家境清寒。慎子高式，後以孝廉爲郎，次
爲高昌、高賜，並爲刺史、郡守，式子高弘，舉孝廉，高弘即高靖之父。袁
紹甥高幹，即爲高賜之孫也。

黃沙御史，與中丞同，遷守廷尉，後即眞。」。〔註45〕御史、廷尉均爲朝廷中負責執法者，因此必須相當嫻熟政府的法令條文，方能作爲判刑、論罪的依據。而高柔曾經先後在曹操、魏文帝曹丕時期擔任法曹掾、廷尉等職，因此，我們可以推斷至少從高柔開始，陳留高氏已經把律學作爲傳家的家業了。然而，具有律學色彩的高柔卻對曹叡提出「敦崇道教，以勸學者」的要求，這其中的思想因素就值得深究了。

高柔初爲曹操所舉用，擔任菅縣長官一職。後逢族人高幹降曹後，復以并州叛曹的事件，但高柔沒有追隨高幹而是獨自歸附於曹操。然而曹操仍因爲高幹、高柔爲同宗之故，企圖因事誅之，故派遣高柔擔任刺姦令史一職。史稱其在任內「處法允當，獄無留滯」，〔註46〕因而深得曹操的賞識，因此辟其爲丞相倉曹屬，成爲曹操的私人僚屬。裴注所引的《魏氏春秋》中，保留了高柔得以任命曹屬的經過。文曰：

（高）柔既處法平允，又夙夜匪懈，至擁膝抱文書而寢。太祖嘗夜微出，觀察諸吏，見柔，哀之，徐解裘覆柔而去。自是辟焉。〔註47〕

這段文字相當地精彩，充分顯現出曹操對高柔態度上的轉變。由於高幹降而復叛的事件影響，曹操對高柔的忠誠，其實保有相當程度的疑心與戒心。因此曹操希望能夠藉著容易得罪的職位任命，表面上任用，實際上則尋找其行事上的失誤以治罪，並得而誅之。然而，高柔的表現卻相當地盡職，除了任內善於斷獄、持法平允之外，並且還圓滿地完成曹操所交付的公事，認眞盡職。因此曹操才會由猜疑轉爲信任，從想藉故殺他，到任用其爲私人僚屬。其次，高柔轉任刺姦令史一職時，實際上負責的事務和法有關，由此可見曹操的任命時，雖然帶有私心，但仍然給予高柔機會展現專長，並留心到他在這方面的能力足以解決執法上的問題。因此這可以視爲高柔政治生涯的一個重要轉換，得以成爲日後曹氏父子的幕僚之一，從此歷任曹丕、曹叡至齊王芳三朝。從本傳來看，高柔日後在曹魏政權的行事，和法、刑均保有相當濃厚的關係。

在曹操、曹丕時代，高柔歷任內外諸職，曾經被任命爲潁川太守，然其任職多在中央，先後擔任法曹掾、治書侍御史、治書執法、廷尉等職，負責

〔註45〕頁690。
〔註46〕頁683。
〔註47〕頁683。

執法方面的工作，有時也會對於政府在法令行使上的不足提出建言。先是勸
曹操不當加重逃兵家屬的刑罰，認爲「此重刑非所以止亡，乃所以益走耳。」
〔註48〕，強調刑罰不當的後果。其後又規諫曹操置校事一職以監察群官之事。
高柔認爲設置校事以糾舉百官，不合於爲政者「居上信下」的原則；其次，
則提出曹操所任用爲校事的盧洪、趙達等人容易濫用職權。曹操的回答則相
當地有趣，他認爲：「要能刺舉而辨衆事，使賢人君子爲之，則不能也。昔叔
孫通用群盜，良有以也。」〔註49〕其實曹操本身很清楚盧、趙等人的行爲上
有瑕疵，但是唯有這種具有小人特色的執行者，才會用各種方法去針刺朝臣，
達到掌政者要求的監察、掌控百官的效果。雖然盧洪、趙達等人後來果然因
爲奸利，逼得曹操不得不誅之以謝罪於高柔，然而曹操終究沒有廢止校事一
職的職權，到了曹丕黃初年間，仍然可以看到校事糾舉吏民不法的記載，可
見得校事一職仍爲其後繼任的曹魏統治者所採用，並實際擔任彈劾官僚、百
姓不法的職務。〔註50〕從校事一職的設立，我們可以發現曹魏統治者對於群

〔註48〕 全文爲：「舊法，軍征士亡，考竟其妻子。太祖患猶不息，更重其刑。……
柔啓曰：『士卒亡軍，誠在可疾，然竊聞其中時有悔者。愚謂乃宜貸其妻子，一
可使賊中不信，二可使誘其還心。正如前料，固以絕其意望，而猥復重之，
柔恐自今在軍之士，見一人亡逃，誅將及己，亦相隨而走，不可復得殺也。
此重刑非所以止亡，乃所以益走耳。』《魏志‧高柔傳》，頁684。這裡值得
注意的是高柔所提出的理由，因爲高柔雖提出刑罰的最終目的應在於防止其
他士兵畏禍而逃亡。然而在方法上，他卻認爲應「宜貸其妻子，一可使賊中
不信，二可使誘其還心。正如前料，固以絕其意望，而猥復重之。」也就是
藉著保全妻子的方式，誘使逃亡士兵回歸軍隊，一但無法達到回歸軍隊的目
的，仍然誅戮其家屬。所以高柔所考量的重心，在於如何保全軍隊，而不是
可能被牽累的無辜生命。因此，才會用「此重刑非所以止亡，乃所以益走耳」
一言以勸戒曹操。而曹操曰：「善。」即表示他能認同這樣的想法。同樣的想
法亦見於高柔勸誡文帝曹丕誅殺妖言，獎賞告發者的決定時，高柔亦提出「今
妖言者必戮，告之者輒賞。既使過誤無反善之路，又將開兇狡之群相誣罔之
漸，誠非所以息奸省訟，緝熙治道也。……臣愚以爲宜除妖謗賞告之法，以
隆天父養物之仁。」頁684～685。這裡高柔並沒有提出如何分辨流言的眞僞，
而是強調越禁止流言，反而會有反效果，亦如同前面諫止曹操的理由。
〔註49〕 《魏志‧高柔傳》，頁684，「時置校事盧洪、趙達等，使察群下，柔諫曰：『設
官分職，各有所司。今置校事，既非居上信下之旨。又達等數以憎愛擅作威
福，宜檢校之。』」故曹操針對高柔的質疑回答。
〔註50〕 《魏志‧高柔傳》，頁685，「校事劉慈等，自黃初初數年之間，舉吏民奸罪以
萬數，柔皆請懲虛實；其餘小小挂法者，不過罰金。」在文帝即位初期，所
糾舉的不法竟達萬數；其次，高柔在仔細分析這些劾文後，還要求皇帝求證
虛實，對於犯情不嚴重的，以罰金代替。不管是否眞有犯法的事，至少由此

臣、百僚，基本上採取一種懷疑、不信任的態度。

高柔雖然盡力爲曹操、曹丕政權處理犯罪案件，但實際上，高柔更關心的是「法」的本身。魏初時上書要求曹丕能夠在刑獄、朝議等事件上，按照古法諮詢三公的意見，以廣納時論。〔註51〕在另一方面，對於皇帝企圖因法來行個人之好惡時，也努力去維持「法」的公正性。當曹叡企圖處死盜獵於禁區的犯人，時任廷尉的高柔卻堅持要曹叡告知檢舉者方願意行刑。當皇帝大怒並拒絕告知時，高柔猶以「廷尉，天下之平也，安得以至尊喜怒而毀常法」一言以抗之。〔註52〕顯示出高柔所重視的，是「常法」本身，即如何在執行中去維持常法的公正，才能收到維持社會秩序的作用。因爲「常法」一旦爲君主好惡所影響，等於是大開先例，則法之設變成虛文。這樣的重法的態度，其實早在曹丕時期就已經表現出來，在曹丕藉故誅殺有嫌隙的治書執法鮑勛時，〔註53〕高柔即以非法爲由不從詔命，曹丕不得不把他引開，另遣使者才得以完成泄憤的心願。〔註54〕雖然高柔不能阻止曹丕因私憤誅殺大臣的行爲，但是他堅持不肯枉法治獄的態度，卻是相當鮮明。

景蜀慧在論及魏晉的重實風氣時，認爲曹魏所採用的人才可以分爲經術、智術、法術三類人物。而法術之士本身即熟習於各種典章、律令及刑禮制度，雖然所負責的範圍以司法斷獄或改訂律令制度爲主，但是他們大多是站在「淹通經學」的基礎上去推動。〔註55〕因此高柔會對曹叡提出復興經學

可見校事監察的範圍相當廣泛及細微。

〔註51〕 《魏志・高柔傳》，頁685，「魏初，三公無事，又稀與朝政。柔上疏曰：『……今公輔之臣，皆國之棟梁，民所具瞻，而置之三事，不使知政，遂各偓息養高，鮮有進納，誠非朝廷崇用大臣之義，大臣獻可替否之謂也。古者刑政有疑，輒議於槐棘之下。自今以後，朝有疑議及刑獄大事，宜數以咨訪三公。』」高柔一再強調三公輔佐君主是自古皆然，並可以以其經驗來解決朝政中的爭議。然而，從高柔文中所敘述曹魏時期的政廷，三公的職位其實如同虛設，可以看出當時皇帝不願把權力外放給他人，因此原有輔佐之效的三公就無法發揮他的作用了。

〔註52〕 《魏志・高柔傳》，頁687。

〔註53〕 曹丕與鮑勛的嫌隙始於曹丕仍在東宮，而鮑勛擔任其之中庶子時。因爲鮑勛在東宮的任內，守正不阿，不得曹丕喜愛；復逢曹丕郭夫人的弟弟犯法，鮑勛依法治之，而未接受曹丕爲其請罪的要求。曹丕即位之後，鮑勛又不斷進諫曹丕游獵之舉及征吳之行。曹丕積怨已久，故不顧鍾繇、陳群、辛毗、高柔、衛臻等眾大臣之請罪而殺之。見《魏志》卷12〈鮑勛傳〉，頁384～386。

〔註54〕 事見《魏志・高柔傳》，頁685。

〔註55〕 景蜀慧，〈魏晉重實之風淺議〉，《文史哲》1993：3，頁87～89。景氏在考察、

的要求，其實並不意外。高柔上書的時候常常會引古典經文，以增加說服力，如景初元年（237）公孫淵於遼東謀反、自立爲燕王後，曹叡下詔誅殺其兄公孫晃於獄，高柔即以《尚書》「用罪伐厥死，用德彰厥善」一言以諫曹叡處置方法的不當。〔註56〕其次，文中把伐罪、彰德並列，顯示出高柔認爲在經學儒術中的道德標準對於社會大眾而言，其實也有維持社會秩序、安定人心的效用，等於是另一種形式的刑律，達到思想上的管束。而透過中央獎勵學術的方式，還可以把天下之優秀士人收攬到政府的手中，無形中也控制了所有士人的政治動向。

相較於具於律學色彩的高柔，東海王朗、王肅父子則以儒學見長。王朗在東漢末年以通經起官、拜郎中。王朗著有《易》、《春秋》、《孝經》、《周官傳》等書，並留下諸多奏議論記，盛傳於魏晉之世。爲曹操所徵後，拜爲諫議太夫。魏國建立後，以軍祭酒領魏郡太守，遷少府、奉常、大理諸官。值得注意的是《魏志》稱其「務在寬恕，罪疑從輕。鍾繇明察當法，俱以治獄見稱」。〔註57〕王朗雖以儒學起官，並不忽視法獄的狀況，在曹丕即位魏王時，還上疏要求政府「育民省刑」企圖透過減輕刑罰的方式，以達到保全人命、增加兵源的目的。〔註58〕王肅的著作亦豐，本傳中言其「善賈、馬之學，而不好鄭氏，采會異同，爲《尚書》、《詩》、《論語》、《三禮》、《左氏解》，及撰定父朗所作《易傳》，皆列於學官。」〔註59〕其他還包括博議朝政、制度、典禮等文，多達數百篇。並注諸書，有《周易》、《毛詩》、《禮記》等書，相當

比較素以尚法聞名的曹氏與尊儒著稱的司馬氏時，發現兩者標榜雖有不同，但在統治手段上，其實是按照現實狀況來法、儒原則並用，表現出投機的實用態度，因此景氏認爲整個魏晉時期的政治，可稱爲「經術文法之治」。

〔註56〕《魏志‧高柔傳》，頁687。關於這次的事件，孫盛與裴松之均視高柔的理由爲不當，然而兩人的立場不同，故所批評的方向亦異。孫盛認爲盛王之道，不應有質，且刑不及於質任者，故高柔不言王道之理，僅以眼前不合法制的狀況勸留公孫晃，乃心存小善，而非王者之體。他並認爲曹叡刑公孫晃於獄，未有失也。裴松之則認爲孫氏之言乃空言王道，因公孫晃質任至魏甚久，且遼東距魏甚遠，質任有其必要性。高柔之失在於空論刑措之美，而不言此刑之不當。因爲告發與不告發皆死罪，等於是杜絕歸善之心，有失刑法的公正。

〔註57〕頁407～408。

〔註58〕全文收錄在《魏志》卷13〈王朗傳〉，頁408～409。文中並曰「《易》稱敕法，《書》著祥刑，一人有慶，兆民賴之，慎法獄之謂也。」稱引古典中對於刑法的說法，來提醒統治者對於法獄之重視。在思想上，其實是繼承漢代儒、法兼具的習慣。

〔註59〕頁419。

可觀。然而當曹叡提及東漢桓帝時李雲上書當死之事，王肅卻答言：

> 但為言失逆順之節。原其本意，皆欲盡心，念存補國。帝者之威，
> 過於雷霆，殺一匹夫，無異螻蟻。寬而宥之，可以示容受切言，廣
> 德宇於天下。〔註60〕

文中肯定李雲為救國勢而上書，雖有犯顏不順之事，卻情有可原。然而文中卻不見王肅引用儒家經典中的觀念來規範帝王不當的賞罰行為，卻把此作為帝王展示寬容犯罪的機會，也就是藉著法律刑獄，重新塑造皇帝成為儒家經典中的明君形象。

熟習律法的高柔勸戒皇帝獎勵儒學，以移風易俗；儒學出身的王朗、王肅父子則是勸戒皇帝藉著注意刑獄、網開法網的措施，來標榜個人的寬容形象。不同的學說，在實際的考量上卻都有著重新提升儒學的教化功能，由發揚學術來提高皇帝的國家形象。

第三節　曹魏時期新進政治人才之培訓

曹叡為了防範浮華之風再度盛行，除了用行動懲處朝中參與的官員外，並透過「貴儒尊學」的方式，在思想上獎勵、推動儒學的發展，以降低浮華思想的影響。曹叡並利用控制政府新進官僚管道的方式，從根本上斷絕浮華之士的仕進機會，以達到獎懲的目的。曹魏時期，朝廷企圖建立一套培養中央官吏仕進的管道，曹魏時期正式設置的散騎常侍、散騎黃門侍郎等官，即帶有培訓新一代政治人才、官僚的意味。安定太守孟達向曹丕推薦涿郡太守王雄時，在曹丕回應的詔文中，即提到：

> （王）雄有膽智技能文武之姿，吾宿知之。今便以參散騎之選，方
> 使少在吾門下知指歸，便大用之矣。天下之士，欲使皆先歷散騎，
> 然後出據州郡，是吾本意也。〔註61〕

這段文字表現出曹丕如何看待散騎常侍的作用。王曉毅在論及曹叡太和時期發生的浮華案時，提到從曹丕時期開始，曹魏的散騎黃門侍郎等官職多選自當代傑出的青年才子，將黃門散騎等職作為培養下一代、高層次的政治人才

〔註60〕頁418。
〔註61〕《魏志》卷24〈崔林傳〉，裴注引〈魏名臣奏〉，頁680。

的鍛鍊、儲備機構。〔註62〕《魏志‧杜恕傳》裴注引《魏略》提到黃初時期，「散騎皆以高大英儒充其選。」〔註63〕在同傳，裴注引《杜氏新書》曰：「明帝以（杜）恕大臣子，擢拜散騎侍郎，數月，轉補黃門侍郎。」〔註64〕杜恕之父乃是以治理河東地區聞名的河東太守杜畿，河東地區在杜畿的辛勤治理下，成為高幹亂後，天下州郡中最先安定的地方。杜畿任職河東，長達十六年之久，至曹丕繼位之後，成為曹丕的得力助手，後為曹丕試乘征討孫吳所建造的樓船時，不幸遇大風沈船而溺死。雖然杜恕是以功臣之子嗣的身份，在太和年間被舉任為散騎黃門侍郎。但杜恕在接受任命之後，並不辜負這個職責的意義，任職朝廷的八年內，「不結援、專心向公。每政有得失，常引綱維以正言，於是侍中辛毗等器重之。」〔註65〕杜恕曾數次上書規勸曹叡施政上的錯誤，對朝事相當盡職。〔註66〕由此可見散騎常侍、散騎黃門侍郎等職的設置，確實具有規勸帝王施政及為國家培訓優秀政治人才的企圖，並可在曹魏政權中擔負起重要的政事規劃與實際政治工作。更重要的，無論聲名是否卓越、出身是否低微，都有機會為曹魏政府所拔擢，出任散騎常侍、散騎黃門侍郎等職。〔註67〕

　　散騎常侍、散騎黃門侍郎、散騎侍郎等官職，最早是出於魏文帝曹丕的設置。根據《晉書‧職官志》的記載，侍中、散騎、給事黃門侍郎、中常侍、均為秦、漢所置之舊官，而曹魏沿用之。萬斯同的《三國職官表》即參酌《晉

〔註62〕 見王曉毅，〈論曹魏太和"浮華案"〉，頁14。
〔註63〕 《魏志》卷16〈杜恕傳〉，頁506。
〔註64〕 《魏志》卷16〈杜畿傳〉，頁498。
〔註65〕 《魏志》卷16〈杜畿傳〉，頁498。
〔註66〕 杜恕本身即因為太過直言，屢次議論朝政得失，得罪不少大臣，如其在諫簾昭好言事時，即批評到司隸校尉孔羨辟大將軍司馬懿弟司馬通之事，認為選舉不實。故史書言其「恕在朝廷，以不得當世之和，故屢在外任。」《魏志‧杜恕傳》，頁505。終在嘉平元年，因征北將軍程喜的劾奏而去職，原當處死，因父之功被免為庶人、徙章武郡。值得注意的事，嘉平元年正是高平陵事件之後、司馬懿掌握曹魏大權之時。其之得罪，是否與前次評論任用司馬通之事相關連，還有待文後討論。
〔註67〕 根據萬斯同的《三國職官志》收錄在《後漢書三國志補表三十種》（北京：中華書局，1984）所列曹魏時期擔任散騎常侍、散騎黃門侍郎、散騎侍郎等表，可以看出出任者並不限於貴族、官宦子弟，一個有名的例子即是與夏侯玄同時出任的毛曾，見文後附：皇帝左右侍從職官表（一）。毛氏一族出身低微，毛曾本身也沒有什麼名聲，故不為世人所重。然而在曹叡寵愛毛后的情況下，仍然可以和聲名卓越的夏侯玄同任散騎黃門侍郎。

書》、《唐六典》、《通典》、《宋書》、晉灼《漢百官表志注》、《初學記》等與官制相關的書籍、史料，分其執掌、官品爲：

（一）散騎常侍：比二千石，第三品。文帝延康元年置。〔註68〕合散騎中常侍爲一官，除中字，直曰散騎常侍。典章表詔命手筆之事，與侍中、黃門侍郎共平尚書奏事，比於侍中。貂璫插右，出入侍從。與上談論，不典事，後遂以爲加官。〔註69〕

（二）中常侍：無員，比二千石，第三品。掌侍左右，從入內宮，贊導內眾事，顧問應對給事。〔註70〕（後魏文帝併入散騎常侍。）

（三）給事黃門侍郎：四人，六百石、第五品。掌侍從左右，關通中外，與侍中俱出入禁中，近侍帷幄，省尚書事。（《六典》、《晉志》：與侍中俱管門下眾事。……後世稱侍中爲門下省，蓋始于此。）〔註71〕

（四）散騎侍郎：四人，六百石、第五品。與侍中、黃門侍郎共平尚書奏事。延康元年置。〔註72〕

（五）侍中：四人，別加官則非數，比二千石，第三品。掌儐贊，大駕出，則次直侍中護駕，正直者侍中負璽陪乘。不帶劍，皆騎從御登殿，與散騎侍郎對挾帝，侍中居左，常侍居右。備切問近對拾遺補闕。建安十八年（213），魏國初置侍中。功高者爲祭酒。黃初以來因之。舊遷列曹尚書，美遷中領護、吏部尚書。出征則行臺從。（魏討諸葛誕，散騎常侍裴秀、尚書僕射陳泰、黃門侍郎鍾會以行臺從。）〔註73〕

從萬氏的記載來看，可以看出侍中、散騎常侍、散騎黃門侍郎、散騎侍郎、中常侍等官職，其身分相當於皇帝的侍從官，都是最接近皇帝的人物。然而，這些官職並不負擔實際的政策執行工作，但是卻負有規諫皇帝施政、提供諮

〔註68〕延康是漢獻帝的最後一個年號，當年十月東漢獻帝禪位於曹丕，改元黃初。故漢延康元年（220）即是魏文帝黃初元年。
〔註69〕萬斯同，《三國職官表》，頁1414。
〔註70〕萬斯同，《三國職官表》，頁1419。
〔註71〕萬斯同，《三國職官表》，頁1421。
〔註72〕萬斯同，《三國職官表》，頁1425。
〔註73〕萬斯同，《三國職官表》，頁1407。

詢的責任。除了在政事上提供皇帝意見及諮詢、負責典章表詔手筆之事外，一旦皇帝上朝、出外巡視時，還必須擔負保護皇帝安全的責任，侍於左右。甚至在皇帝出征的時候，還必須隨行左右，以備政事上之需。這些官職的官品並不高，最高的散騎常侍、侍中也不過是第三品，但其與皇帝的關係卻是相當地密切，連位居第一品的三公等重臣也不如其親近。因為這個特殊地位，侍中、散騎常侍、散騎黃門侍郎、散騎侍郎等官反而成為朝中眾人注目的顯職，〔註74〕成為志於仕途之青年士人平步青雲的關鍵。對其他宗室與朝中重臣而言，子孫後裔如果能出任這些官職，即是日後家族政治地位得以維持或是顯赫的保證；同樣地，一旦被貶離於散騎常侍、散騎黃門侍郎、散騎侍郎等官，等於宣示日後朝中仕途發展的不利。由於散騎常侍、散騎黃門侍郎、散騎侍郎等官職，與仕宦生活的關係相當密切，反而成為政府行使賞罰的方式，曹叡時代毛曾的出任與夏侯玄的貶放即是一例。毛曾藉著曹叡對於毛皇后的寵愛而出任散騎侍郎、夏侯玄則因觸犯曹叡的威嚴，從散騎侍郎被貶為羽林監。可以看出曹叡藉著任用、貶離散騎侍郎等官職的機會，達到懲罰、愛寵臣僚的目的。然而，表面上夏侯玄雖是因毛曾事獲罪於曹叡，仔細探究夏侯玄獲罪的原因，卻不難發現夏後玄由於具有當世名士的聲望，再加上其與浮華風氣的關係匪淺，與浮華之士互相交遊品題，才是導致曹叡不滿的真正因素。在曹叡時期先後被任命為侍中、散騎常侍、散騎黃門侍郎、散騎侍郎的名單來看，幾乎看不到與浮華案相關的人員出任這些職位。夏侯玄雖曾在太和初年擔任散騎黃門侍郎，因毛曾獲罪降職後，直到曹芳即位、曹爽輔政之後，才有機會開始參與實際的政事運作，逐步由散騎常侍、中護軍等職遷升。司馬師雖然在景初中出任散騎常侍一職，正式步入仕途，然而根據《晉書》及前一節的討論，他的任命也是在曹叡死後所發佈的命令。

　　因此，我們可以得出一個結論，即當時以曹叡為首的曹魏政廷，在面臨太和浮華案的爆發與影響時，除了直接懲處、罷免正在朝中任官的官吏、官宦子弟外，並在社會思想上增加儒學思想的影響，轉移士人的注意力與精力；最末，更是透過新任的官吏的入仕管道，進行箝制與篩選，直接斷絕了浮華之士的從政機會。直到曹芳即位之後，浮華份子才在魏廷上重新獲得參政的機會。

〔註74〕《晉書》卷24〈職官志〉，頁733，其言散騎常侍「魏文帝黃初初，置散騎，合之於中常侍，同掌規諫，不典事，貂璫差右，騎而散從，至晉不改。……常為顯職。」

附表（一）：皇帝左右侍從職官表

1. 散騎常侍

人　名	受命時間	史　料　來　源	注／以原官兼任或遷官
夏侯尚	延康元年	《魏志・夏侯尚傳》	後遷中領軍。
衛　臻	延康元年	《魏志・衛臻傳》	魏受禪後，遷尚書、轉侍中吏部尚書，後行中領軍。
傅　巽	延康元年	《魏志・武帝紀》注引《魏略》	黃初中，爲侍中尚書。
孟　達	延康元年	《魏志》〈劉曄傳〉、〈明帝紀〉注	以新城太守加官
王　淩	黃初元年	《魏志・王淩傳》	魏文帝年號
王　昶	黃初元年	《魏志・王昶傳》	
裴　潛	黃初元年	《魏志・裴潛傳》	前爲兗州刺史
王　象	黃初元年	《魏志》〈衛覬傳〉、〈楊俊傳〉注引《魏略》	先拜侍郎，復遷常侍。
徐　宣	黃初二年	《魏志・徐宣傳》	由司隸校尉遷
荀　緯	黃初二年	《魏志・王粲傳》注引〈文章序錄〉	（黃初四年卒）
蔣　濟	黃初中青龍中	《魏志・蔣濟傳》	魏明帝青龍中又以護軍將軍加
卞　蘭	黃初中	《魏志・后妃傳》	（時間待考）
夏侯湛		《魏志・夏侯淵傳》注引《世語》	
孔　乂		《魏志・倉慈傳》注引《孔氏語》	
劉　放	太和初	《魏志・劉放傳》	以中書令加官/漢皇族後裔
孫　資	太和初	《魏志・劉放傳》	以中書監加官
繆　襲	太和初	《魏志・華歆傳》	
高堂隆	太和初	《魏志・高堂隆傳》	出自儒生，曾爲明帝傅
王　肅	太和三年	《魏志・王肅傳》	
甄　像	太和四年	《魏志・后妃傳》	
荀　顗	太和中	《魏志・荀彧傳》	

曹 肇	太和中	《魏志・曹休傳》附肇傳	正始中薨，追尊衛將軍
曹 爽	太和中	《魏志・曹爽傳》	以城門校尉加，後轉武衛將軍
應 璩	太和中	《魏志》〈王粲傳〉注引〈文章序錄〉、〈劉靖傳〉	
劉 劭	太和中	《魏志・劉劭傳》	以騎都尉遷
何 曾	青龍中	《晉書・何曾傳》	明帝繼位初，曾任散騎侍郎、典農中郎將、給事黃門侍郎
司馬師	景初二年	《晉書・景帝紀》	
孫 禮	景初二年	《魏志・孫禮傳》	明帝崩前以大將軍長史加，目的在輔佐曹爽，後為曹爽出為揚州刺史、加伏波將軍
蘇 林	景初中	《魏志・劉劭傳》	
甄 暢	景初末	《魏志・后妃傳》	以射聲校尉加
毛 曾	景初末	《魏志・后妃傳》	前由散騎侍郎轉，後徙為羽林虎賁中郎將、典農
郭 敞		《魏志・郭嘉傳》注《世語》	
王 忠		《魏志・王修傳》	王脩子
丁 謐	正始初	《魏志・曹爽傳》注《魏略》	後轉尚書
曹 彥	正始初	《魏志・曹爽傳》	兼侍講
夏侯玄	正始初	《魏志・夏侯玄傳》	後遷中護軍
司馬駿	正始初	《晉書・扶風武王傳》	兼侍講
荀 顗	正始中	《魏志・胡昭附傳》	案：《晉書》本傳言其為司馬懿所拔擢，起為散騎侍郎。《魏志・荀彧傳》注引《晉陽秋》亦同，與此傳不同。
鍾 毓	正始中	《魏志・鍾毓傳》	
司馬昭	正始中	《晉書・文帝紀》	
鄭 袤	正始中	《晉書・鄭袤傳》	由大將軍從事中郎遷
郭 芝	正始中	《魏志・后妃傳》及嘉平六年紀引注《魏書》	
鄭 沖	嘉平中	《晉書・鄭沖傳》	由大將軍從事中郎遷
孔 乂	正始八年	《魏志・齊王芳紀》	

司馬望	嘉平初	《魏志‧毌丘儉傳》注、《晉書》	以中護軍兼
荀 廙	嘉平六年	《魏志‧夏侯尚傳》注引《世語》	
司馬瓖	嘉平六年	《魏志‧齊王芳紀》注引《魏略》	（案：原無氏，考異謂即是司馬瓖）
孟 康	嘉平中	《漢書敘例》、《晉書‧景帝紀》	出自寒微
□ 儀	嘉平六年	《魏志‧齊王芳紀》注引《魏略》	（無氏）
阮 籍	正元元年	《晉書‧阮籍傳》	
司馬攸	正元初	《晉書‧齊王攸傳》	後遷步兵校尉
王 沈	正元中	《晉書‧王沈傳》	由秘書監遷
裴 秀	甘露二年	《魏志‧高貴鄉公紀》	
王 業	甘露四年	《魏志‧高貴鄉公紀》	
司馬亮	甘露中	《晉書‧汝南王亮傳》	以左將軍加、假節，出監豫州諸軍事，復轉鎮西將軍
司馬炎	甘露中	《晉書‧武帝本紀》	以中壘將軍加
衛 瓘	甘露末	《晉書‧衛瓘傳》	魏陳留王即位後，拜侍中。父：魏尚書衛覬
盧 欽	應在甘露、景元期間	《晉書‧盧欽傳》	由淮北都督徵拜，並任大司農。咸熙元年遷為吏部尚書
司 馬	景元初	《晉書‧琅邪武王傳》	由寧朔將軍遷，堅守鄴城。後拜右將軍，監兗州諸軍事、兗州刺史
賈 充	景元中	《晉書‧賈充傳》	以中護軍加，統城外諸軍
王 渾	景元中	《晉書‧王渾傳》	由黃門侍郎遷，參司馬昭安東軍事
徐 紹	咸熙元年	《魏志‧陳留王紀》	
樊 建	咸熙元年	《蜀志‧董厥傳》	樊、董皆為蜀官，蜀亡後入魏，並任相國參軍，該年秋皆兼散騎常侍。
董 厥	咸熙元年	《蜀志‧董厥傳》	
孫 彧	咸熙元年	《魏志‧陳留王紀》、《晉書‧文帝紀》	以相國水曹屬加

2. 給事黃門侍郎

人　名	受命時間	史　　料　　來　　源
丁　廙	建安中	《魏志・陳思王傳》注《文士傳》
夏侯尚	建安十八年	
王　毖	建安中	《魏志・文帝紀》注
董　遇	建安中	《魏志・文帝紀》注，另見《太平御覽》
鮑　勛	建安末	
曹　純	建安中	《魏志・曹仁傳》注《英雄紀》
司馬懿	建安末	《晉書・宣帝紀》
盧　毓	黃初元年	
顏　斐	黃初初	《魏志・倉慈傳》注《魏略》
司馬孚	黃初初	《晉書》
任　嘏	黃初中	《魏志・王昶傳》
王　肅	黃初中	《魏志・王朗傳》
劉　靖	黃初中	
韓　遜	黃初中	《晉書・行法志》
鍾　繇	太和初	《魏志・鍾繇傳》
杜　恕	太和中	
李　豐	太和中	《魏志・夏侯尚傳》注《魏略》、〈杜畿傳〉注杜氏《新書》
夏侯玄	太和末	《魏志・夏侯尚傳》附玄傳
何　曾	太和末	《晉書》
夏侯惠		《魏志・夏侯淵傳》注引《敘錄》
荀　闓		《魏志・荀彧傳》注《荀氏家傳》
袁　侃		《魏志・袁渙傳》引《袁氏世紀》
臧　艾		《魏志・臧霸傳》注引《魏書》
傅　嘏	正始初	由尚書郎遷
裴　秀	正始中	
王　黎	正始中	《魏志・鍾會傳》注〈王弼傳〉
王　沈	同　上	

朱　整	同　上	
賈　充	同　上	
龐德公		《蜀志・龐統傳》注《襄陽記》
畢　軌		《魏志・曹爽傳》注《魏略》
傅　充		《魏志・傅嘏傳》注《傅子》
王　沈	嘉平初	《晉書》稱門下侍郎
程　曉	嘉平中	《魏志・程昱傳》
鍾　會	正元中	
羊　祜	正元中	《晉書》
孫　彧	咸熙元年	《魏志》本紀
司馬珪	咸熙中	《晉書》
司馬晃	咸熙中	《晉書》
向　雄	同　上	
王　渾	同　上	
華　表	同　上	

3. 散騎侍郎

人　名	受命時間	史　料　來　源
鄧　靜	建安末	《晉書・樂志》
尹　商	同　上	
王　昶	黃初元年	
王　象	同　上	《魏志・楊俊傳》注《魏略》
鍾　毓	黃初中	《魏志・鍾毓傳》正始中再任
王　肅	黃初中	《魏志・王朗傳》
孟　康	黃初中	《魏志・杜恕傳》、《御覽》同。顏師古《漢書敘例》
桓　範		《御覽》引《桓氏家傳》
曹　爽	太和初	
何　曾		《晉書》
王　嘉	同　上	《魏志・常林傳》注《魏略》
毛　曾	同　上	《魏志・后妃傳》

夏侯惠	同　上	《魏志·劉劭傳》
劉　劭	同　上	
杜　恕	同　上	
夏侯玄	同　上	
陳　泰	青龍中	
何　晏	正始中	《魏志·曹爽傳》注《魏略》
荀　顗	同　上	《魏志·荀彧傳》注《晉陽秋》
桓　纂		《魏志·桓階傳》
華　表		《魏志·華歆傳》
王　渾		《晉書》
司馬亮	同　上	《晉書》

4. 魏侍中

人　名	受命時間	以 原 官 兼 任 或 遷 官 、 史 源
王　粲	建安十八年	
和　洽	同　上	
杜　襲	同　上	
衛　覬	同　上	
耿　紀	建安末	《魏志·武帝紀》注《決錄》
陳　群	建安末	黃初二年轉尚書。
桓　階	建安末	由虎賁中郎將遷，黃初元年復加。
趙　儼	延康元年	
劉　廙	同　上	至黃初二年
鮑　勛	同　上	以駙馬都尉加
鄭　稱	同　上	延康元年紀注《魏略》
辛　毗	黃初元年	
劉　曄	同　上	
夏侯楙	同　上	
溫　恢	同　上	
司馬懿	黃初二年	景初二年復以太尉加

董 昭	同 上	
鄭 德		《魏志・文帝紀》注《魏略》
傅 巽	黃初初	《魏志・傅嘏傳》
邢 顒	黃初初	
蘇 則	黃初初	黃初四年左遷東平相。
吳 質		《魏志・吳質傳》注。
衛 臻	黃初初	太和中又以僕射加。
黃 權	黃初三年	以鎮南將軍加。
應 璩	太和初	正始初再任。《魏志・王粲傳》
繆 襲	太和初	《宋書・樂志》
徐 宣	太和中	以右僕射加。
甄 溫		以輔國將軍加。《魏志・后妃傳》注《晉諸公贊》
劉 放	青龍初	以中書令加，嘉平元年再任。
孫 資	青龍初	以中書監加，嘉平元年再任。
盧 毓	青龍二年	正元二年以僕射再入。
陳 矯	青龍中	以尙書令加。
高堂隆	青龍中	
王 肅		
韋 誕		《魏志》〈少帝紀〉注《魏書》、〈胡昭附傳〉注《高士傳》、〈王粲傳〉注《篆書序》、〈劉劭傳〉注《文章敘錄》
孫 邕	正始初	代盧毓，見《魏志》〈盧毓傳〉、〈管寧傳〉
曹 爽	正始中	以大將軍加
許 允	正始中	《魏志・曹爽傳》
鄧 颺	正始中	《魏志・曹爽傳》注《魏略》
畢 軌	同 上	
何 晏	同 上	
李 豐	同 上	
鍾 統	正始八年	
鄭小同	嘉平六年	《魏志・三少帝紀》注《魏書》、《晉書》
荀 顗	同 上	

趙　酆	同　上	
華　表	同　上	
司馬孚	嘉平初	以尚書令加。《晉書》
何　曾	嘉平初	《晉書》
鍾　毓	嘉平中	
鄭　袤	嘉平中	《晉書》
司馬師	嘉平四年	以大將軍加。《晉書》
陳　泰	正元初	以右僕射加。
司馬昭	正元二年	以大將軍加。
范　粲	正元中	持節。《晉書》
和　逌	甘露二年	《魏志・三少帝紀》
孫　壹	甘露二年	以車騎將軍加。
王　沈	甘露四年	《魏志・三少帝紀》
衛　瓘	景元元年	持節。《晉書》
王　祥	咸熙元年	以太尉加。《晉書》
鄭　沖	咸熙二年	以太保加持節。《晉書・禮志》

資料來源：參酌萬斯同，《三國職官志》〈散騎常侍條〉，頁 1407～1418。並根據《三國志》及《晉書》等史料改正萬表謬誤之處。

第三章　魏明帝曹叡

　　浮華案是太和時期相當重要的一個政治事件，它所牽連的人物與時間均相當地廣泛，影響許多官員的升遷與發展。曹叡處理浮華交會與牽連的相關人員，所抱持的態度，以及懲處行動下的動機，都是值得探討的問題。王曉毅〈論曹魏太和"浮華案"〉一文中，即提到當時的曹叡雖然也是二十歲左右的青年，但是因為他是個守成的君王，所以必須依靠父輩時期的建安功臣，也就是魏初名士來維持已經形成的政治格局。正因為魏初名士們是當時曹魏政治的主要當權者，所以曹叡為了平息其不滿，必須打擊年輕一代的浮華交會份子。〔註1〕當朝中舊臣董昭於太和六年（232）上書後，曹叡馬上表態接受，並做出嚴懲的決定，下詔要求嚴辦浮華案，所有參與的青年官僚紛紛被罷黜於中央之外，甚至被免官禁錮在家。王氏的說法是否代表了曹叡所有的想法，值得我們加以商榷。不過，值得注意的事，即使到了青龍年間已不見浮華之士在曹魏政廷活動，曹叡仍然對浮華耿耿於懷，在青龍四年（236）任命盧毓出任吏部尚書時，還不忘下詔批評浮華之士互相標榜名聲、品題取譽的不當。史書中記載了兩人之間的對話：

> 前此諸葛誕、鄧颺等馳名譽，有四（窗）〔聰〕八達之誚，帝疾之。
> 時舉中書郎，詔曰：「得其人與否，在盧生耳。選舉莫取有名，名如
> 畫地作餅，不可啖也。」毓對曰：「名不足以致異人，而可以得常士。
> 常士畏教慕善，然後有名，非所當疾也。愚臣既不足以識異人，又
> 主者正以循名案常為職，但當有以驗其後。故古者敷奏以言，明試

〔註1〕王氏前揭文，頁15～16。

以功。今考績之法廢，而以毀譽相進退，故眞僞渾雜，虛實相蒙。」

帝納其言，即詔作考課法。〔註2〕

這段文字相當地精彩，短短幾個字就把曹叡的想法生動地刻畫出來。曹叡的反應相當地直接，其「名如畫地作餅，不可啖也」一言，從根本上否定了「名」的存在，否定了浮華交會中互相襃嘆的風氣與名譽。然而必須討論的是盧毓如何去因應曹叡的意氣之言，以及曹叡所反對的「名」所指爲何。文中，我們可以很清楚地知道盧毓並不完全反對「名」的存在，反而認爲藉由「名」，可以獲得足以擔負政事，且畏教慕善的「常士」。身爲建安舊臣的盧毓其實並不完全否定「名」的存在；而曹叡所顯現出的厭惡態度，也不像是單純爲了平息朝中舊臣的不滿，反而是發自內心的反感。因此，曹叡對於浮華風氣的眞正態度，值得我們探討。曹叡接受盧毓的建議作考課法，企圖取代社會輿論對選舉官吏的影響，以打擊浮華份子以名取譽的風氣。在議立考課法的過程中，顯示曹叡對浮華、名實的認知，這些認知也凸顯出曹叡獨特的個人特質。

第一節　曹叡即位經過

王沈的《魏書》曾提到曹叡在即位前的行事，其文爲：

自在東宮，不交朝臣，不問政事，唯思潛書籍而已。即位之後，襃禮大臣，料簡功能，眞僞不得相貿，務絕浮華譖毀之端，行師動眾，論決大事，謀臣將相，咸服帝之大略。〔註3〕

曹叡在即位前採取不交人事、潛思學問的態度，獨立於朝事、朝臣之外。孫盛追述耆舊之的話語，提到曹叡本身「口吃少言」，〔註4〕曹叡是否意識到自己的缺陷，因而減少與朝中臣僚的交往，從史料中看不到相關的評論，但是史書上卻留下不少關於曹叡與曹丕、大臣的交談記載。口吃少言並不是曹叡自絕於魏廷外的主因，實際上牽涉到曹丕時代的政治氣氛與政治權力的變化，因此必須從曹叡即位前後的政治狀況來分析。

根據本紀，曹叡被立爲皇太子是在黃初七年（226）、曹丕將崩之前。其次，曹丕遺詔由中軍大將軍曹眞、鎮軍大將軍陳群、征東大將軍曹休及撫軍大將軍

〔註2〕　《魏志》卷22〈盧毓傳〉，頁651～652。

〔註3〕　《魏志・明帝紀》，頁115。

〔註4〕　《魏志・明帝紀》，頁115。

司馬懿四人共同輔政。根據裴松之的推斷，曹操於建安九年（204）八月才平定鄴城，曹丕方納甄氏，故曹叡應是建安十年（205）左右出生，〔註5〕至其即位之時，已屆弱冠之齡，但曹丕卻遺詔由四位輔政大臣佐之，不見其任命原委。在曹叡即位之前，曹丕、曹叡父子間曾經互有不滿，威脅到曹叡繼承皇位的權利，原因則始於甄妃被殺的事件。裴松之在注解《魏志》的明帝本紀時，特別引用了其他史書的記載，來追述曹叡被立爲太子的始末，

> 《魏略》曰：「文帝以郭后無子，詔使子養帝。帝以母不已道終，意甚不平。後不獲已，乃敬事郭后。……文帝始以帝不悦，有意以他姬子京兆王爲嗣，故久不拜太子。」

> 《魏末傳》曰：「帝常從文帝獵，見子母鹿，文帝射殺鹿母，使帝射鹿子，帝不從，曰：『陛下已殺其母，臣不忍復殺其子。』因涕泣。文帝即放弓箭，以此深奇之，而樹立之意定。」〔註6〕

曹叡由於表現出對於母親甄氏被殺的怨恨，影響到曹丕對其繼承權的考量，直到曹叡改變態度敬事郭后，再加上獵殺小鹿的事件，才讓曹丕對其改變態度，方被立爲太子。甄妃被殺的原因，在於失寵：

> 踐阼之後，山陽公奉二女以嬪于魏，郭后、李、陰貴人並愛幸，后愈失意，有怨言。帝大怒，二年六月遣使賜死，葬于鄴。〔註7〕

甄妃被殺時，曹叡已非蒙昧無知的幼童，對整件事情的始末應該相當了解；又逢曹丕把曹叡交給郭后撫養，益增曹叡的不滿，造成父子間的衝突。《魏略》在記載這件事時，僅以「（明）帝以母不已道終，意甚不平。後不獲已，乃敬事郭后。……文帝始以帝不悦，有意以他姬子京兆王爲嗣，故久不拜太子。」一言交代衝突的始末，然而對於父子間的緊張情勢卻有所保留。由於郭后正是甄妃失寵被殺的一個關鍵人物，所以從史書中可以看出曹叡企圖拒絕爲郭后所撫養，但曹丕仍然堅持施行。在郭皇后本傳中，提到幾個關鍵的因素，即：

> 太祖爲魏公時，得入東宮。后有智數，時時有所獻納。文帝定爲嗣，后有謀焉。太子即王位，后爲夫人，及踐阼，爲貴嬪。甄后之死，由后之寵也。黃初三年，將登后位，文帝欲立爲后，中郎棧潛上疏曰「……若因愛登后，使賤人暴貴，臣恐後世下陵上替，開張非度，

亂自上起也。」文帝不從，遂立爲后。〔註8〕

郭后曾經參與曹丕、曹植兄弟的嗣立之爭，並進獻計策幫助曹丕，故曹丕對其特加寵愛，甚至爲其廢殺正妻甄氏，由妾受封爲皇后。郭后的智數過人，加上她在即位過程中的貢獻，才能得到曹丕的寵愛，曹丕還安排其撫養曹叡，以建立母子的關係與感情。對於曹丕的安排，曹叡不平的態度讓曹丕非常不悅，因此打算改由其他的皇子來繼承皇位。曹丕、曹叡父子的關係變得相當緊張，在史書中雖然看不到兩人有哪些衝突，但情勢已到一觸即發的地步。曹叡意識到抗議與憤怒，將會招致繼承權被剝奪的結果，才改變對郭后的態度，結束這場父子糾紛。曹叡雖敬奉郭后，實際上對於甄妃被殺之事仍然耿耿於懷，把公開的反對態度改爲隱忍侍奉，在曹丕去世之後才顯示出來。文德郭皇后崩於曹叡青龍三年（235）春，關於郭后的死有兩種不同的說法。在郭后本傳中，裴注引《魏略》言：

> 明帝既嗣立，追痛甄后之薨，故太后以憂暴崩。甄后臨沒，以帝屬
> 李夫人。及太后崩，夫人乃說甄后見譖之禍，不獲大斂，被髮覆面，
> 帝哀恨流涕，命殯葬太后，皆如甄后故事。〔註9〕

在《魏略》中，郭后是因爲面對曹叡追思甄妃，故以憂崩。而且是在郭后死了之後，曹叡才透過李夫人之口，了解其母被殺的細節，轉而報復於郭后的葬禮。但是《漢晉春秋》的記載略有不同，且增加很多母子間對話的細節。其全文爲：

> 初，甄后之誅，由郭后之寵，及殯，令被髮覆面，以糠塞口，遂立
> 郭后，使養明帝。帝知之，心常懷忿，數泣問甄后死狀。郭后曰：「先
> 帝自殺，何以責問我？且汝爲人子，可追讎死父，爲前母枉殺後母
> 邪？」明帝怒，遂逼殺之，敕殯者使如甄后故事。〔註10〕

文中提到郭后之崩是曹叡本人逼殺的結果，且兩人對於甄妃被殺的責任歸屬有不同的看法。雖然《通鑑》採用了《魏略》的說法，認爲郭后之崩是因爲對曹叡質問的憂懼。但不可忽略的是在這段說法中，藉著郭后詰問曹叡的話語中，清楚顯示曹叡把整個事件歸罪於曹丕身上，特別是葬禮的安排一事。〔註11〕曹

〔註 8〕《魏志・后妃傳》，頁164～165。
〔註 9〕《魏志・后妃傳》，頁166～167。
〔註10〕《魏志・后妃傳》，頁167。
〔註11〕《通鑑》、《漢晉春秋》等史書的記載，內文上雖互有不同，都不脫甄妃葬禮
　　　　安排的不當。郭后是否如《漢晉春秋》所言，爲曹叡所逼而死，還有許多疑
　　　　問。可以確定的是曹叡很清楚曹丕、甄氏夫妻失和的狀況，也知道甄妃被殺

叡其實早已知道甄妃被殺的原因，只能詰問葬禮的安排狀況，讓郭后感到憂懼不安，敬奉郭后的行為，不過是曹叡用來掩飾對曹丕誅殺甄妃的不滿。

由於曹丕與曹叡曾經爆發的衝突，使曹丕對立皇太子一事猶豫再三，在黃初年間的史料中，我們看不到曹丕確立任何一位皇子為太子的記載。曹丕一直要到將崩之前才作下決定，才確立由長子曹叡繼承帝位，並另外安排四位最信任的大臣來擔當輔政的工作。曹丕在選擇繼承者時，面臨一個很嚴重的問題，就是皇室中除了曹叡外，幾乎沒有其他適合的人選。《魏志》卷 20 詳列曹操、曹丕諸皇子傳記，相較於曹操而言，曹丕的子嗣只有曹叡、曹協、曹蕤、曹鑒、曹霖、曹禮、曹邕、曹貢、曹儼九子而已。身為正后的郭后本身並沒有子嗣，故養曹叡為子，且其他諸子如曹協、曹鑒、曹貢、曹儼均早薨，所以曹丕在考量由誰繼任時，只能從長子曹叡、東海王曹霖、京兆王曹禮中選擇。〔註 12〕然而，曹丕諸子中，只有最年長的曹叡已屆弱冠之年，其餘諸子的年紀都不大。曹丕意識到諸子仍幼弱，所以在考量到最受寵愛的東海王曹霖時，仍然忍不住和較年長的曹叡相比較，當衛臻反稱贊曹叡的「明德美」時，曹丕竟無一言以駁之。〔註 13〕其次，曹叡在與曹丕衝突之後，除了改變態度敬侍郭后外，更重要的是其在作風上的改變，轉為低調行事，不涉及朝政與朝臣的紛爭。〔註 14〕這是一個相當關鍵的地方，等於在根本上杜絕如曹操時期，曹丕、曹植兄弟與臣屬互相結黨的情況。特別是在曹丕一直遲遲不立太子的敏感時刻，曹叡反而不去爭取曹丕臣屬的支持，以打擊其他可能繼承的皇子，而是不交世事，企圖改變曹丕的觀感。

曹丕本身也相當清楚在這個關鍵時刻，除了曹叡外，並沒有其他的選擇餘地。黃初年間，曹丕遲遲不立長子曹叡為太子，除了考量到曹叡是甄妃之子，並曾對甄妃被殺一事，與曹丕公開衝突，表現出其個性中固執的一面外；另一方面，曹丕也希望能有更多時間考慮、觀察，並培養其他皇子具有統治天下的能力。曹丕在確定立曹叡為皇太子時，選擇另立輔政大臣，應當評估

　　　　的原因在於怨言，因此他不滿的是甄妃身為正妻，卻不是以正妻之禮下葬。故，史言郭后死後，曹叡依照甄妃的葬禮方式葬之，基本上可以採信的。
〔註12〕曹丕諸皇子多不長壽。京兆王曹禮在黃初六年改封為元城王，但在曹叡即位不久後，和曹邕均薨於太和三年，兩人亦不長壽。曹蕤則在青龍元年薨，其中唯有曹叡、曹霖較為長命，然曹叡駕崩之時，亦不過三十多歲。
〔註13〕《魏志・衛臻傳》，頁 649。
〔註14〕由於曹叡改變態度敬侍文德郭皇后，在曹丕決定由曹叡繼承的過程中，郭后是否有起推動的作用則不得而知。

過曹叡的能力與個性，爲了確保整個魏國朝政的安定，不得不做出的決定。

王夫之在論及曹魏之亡，即對此提出疑問與批評。文曰：

> 魏之無人，曹丕自失也。而非但丕之失也，丕之詔曹眞、陳群與（司馬）懿同輔政者，甚無謂也。子叡已長，群下想望其風采，大臣各守其職司，而何用輔政爲？其命群與懿也，以防曹眞而相禁制也。然則雖非曹爽之狂愚，眞亦不能爲魏藩衛久矣。以群、懿防眞，合眞與懿、群而防者，曹植兄弟也。故魏之亡，亡於孟德偏愛植而植思奪適之日。〔註15〕

王氏把曹魏之亡歸罪於曹操時期曹丕、曹植爭奪繼承權的後果，曹丕遺詔由曹眞、陳群、曹休及司馬懿四人輔政，目的在於防止曹魏宗室對皇位的覬覦。司馬懿、陳群兩人均爲朝中重臣，而曹眞、曹休則屬於曹魏宗室的成員。王氏之論溯及曹操時事來解釋曹丕的遺詔，如果曹丕眞如王氏所言，以防宗室爲目的，另命司馬懿、陳群以制衡曹眞，何以不防同爲宗室的曹休？其次，曹眞雖然號稱曹操族子，但從本傳來看，曹眞本姓秦，並非眞正曹姓子嗣，也沒有繼承的權利。〔註16〕曹休亦爲曹操族子，也是在喪父之後歸於曹操，而曹操亦待其如子，與曹丕兄弟一起成長。〔註17〕值得注意的是曹眞是爲收養，而曹休則是待之如子，曹操並沒有收其爲養子，由此可知曹休實際上即爲曹氏族人，故不須透過收養的方式來增強其地位的合法，因此對於曹丕而言，眞正具有威脅性、該防範的人，應是曹休而不是曹眞。即使曹丕對宗室仍然心存疑慮，但是這時的曹叡已經是具備行爲能力的成年人，而非幼君即位，此點曹丕不可能不知，輔政的安排更顯得奇怪。曹叡被任命於皇太子，及四位輔政大臣的任命，均是曹丕將崩之前所作的決定，所以這兩件事其實

〔註15〕 王夫之，《讀通鑑論》（臺北：里仁書局，1985）卷10〈三國〉，頁310。

〔註16〕《魏志》卷9〈曹眞傳〉，頁281，傳曰：「曹眞，字子丹，太祖族子也。太祖起兵，眞父邵募徒眾，爲州郡所殺。太祖哀眞少孤，收養與諸子同，使與文帝共止。」裴注引《魏略》曰：「眞，本姓秦，養曹氏。」及《魏書》：「（秦）邵以忠篤有才智，爲太祖所親信。初平中，太祖興義兵，邵募徒眾，從太祖周旋。時豫州刺史黃琬欲害太祖，太祖避之而邵獨遇害。」由此可見曹眞之父對於曹操有功，爲功臣之後，故曹操養之，與曹操諸子同住。

〔註17〕《魏志》卷9〈曹休傳〉，頁279，傳曰：「曹休字文烈，太祖族子也。天下亂，宗族各散去鄉里。休年十餘歲，喪父，獨與一客擔喪假葬，攜將老母，渡江至吳。以太祖舉義兵，易姓名轉至荊州，間行北歸，見太祖。……使與文帝同止，見待如子。」曹操起兵後，由曹休易姓名一事來看，其屬曹氏宗親殆無可疑。

是有關連性的。

　　王夫之把陳群、司馬懿、曹眞、曹休四人的輔政，視爲曹丕對日後曹魏政治發展的規劃，基本上是可以相信的，但是王氏的說法仍有値得商榷的地方。如王氏文中所述：「以群、懿防眞，合眞與懿、群而防者，曹植兄弟也」，因此這四人的政治規劃有防備曹植兄弟奪權的意味。但是王氏又認爲曹丕的安排中，也有防範曹眞的企圖。因此，陳群、司馬懿、曹眞、曹休與曹丕之間的關係，其實是値得稍作分析的。如前所述，曹眞並不是眞正的曹氏族人，沒有繼承皇位的權利；〔註18〕其次，曹眞被曹操收養以後，其實與曹休一樣，都是和曹丕從小一起生活、成長的。因此，曹丕是否在朝政安排上存有防範曹眞的企圖，是値得我們對王氏的論點提出懷疑的地方。曹丕在其《典論·自序》中，即提到在建安十年（205），平定鄴城以後的生活：

> 建安十年，始定冀州，濊、貊貢良弓，燕、代獻名馬。時歲之暮春，
> 勾芒司節，和風扇舞，弓燥手柔，草淺獸肥，與族兄子子丹獵於鄴
> 西，終日手獲獐鹿九，雉兔三十。〔註19〕

這段文字中，除了表現出曹操平定冀州後，華北地方勢力歸降、獻貢的狀況，也描述曹丕優游於暮春時節的鄴城，和曹眞出遊打獵的歡樂景象。曹丕追敍過去的生活時，不只是提到自己對打獵的喜好，並連帶懷念與曹眞互相出遊的快樂。根據《魏志》中曹操、曹丕本紀的記載，曹丕在東漢獻帝建安二十二年（217）十月被立爲魏國太子，時年三十一歲。而曹丕撰寫《典論》的時間，大約也是在被立爲魏國太子的前後時間所著。〔註20〕因此我們可以推斷曹丕從年輕時期開始，在政治上經過一番的努力，終於脫離曹植的威脅，被

〔註18〕關於魏晉時期異姓養子的問題，日人越智重明在其《魏晉南朝の政治と社會》
　　　　（東京：赤板印刷株式會社，1963），第一篇〈魏の政治と社會〉、第五章：
　　　　異姓養子，有專文討論養子的問題。越智重明即提出曹操的異姓養子，多無
　　　　血緣上的關係，其收養的目的在於使養子領兵，在內可以充當心腹，在外則
　　　　可以兵力援助，保護自己的權力根基。而這種收養異姓養子，以加強自己軍
　　　　事力量的心態，早在東漢末年時期即已存在，如董卓、呂布的父子關係，即
　　　　爲一例。

〔註19〕《魏志》曹丕本紀末，裴松之注附曹丕《典論·自序》，頁89。

〔註20〕關於曹丕撰寫《典論·自序》及其他諸論時間，可以參考洪順隆，《魏文帝曹
　　　　丕年譜暨作品繫年》（臺北：商務書局，1989）考證孝獻帝建安二二年～二三
　　　　年時（曹丕31歲～32歲），曹丕相關著作的時間，頁250～284。根據洪氏的
　　　　考證，《典論》諸論撰寫時間頗長，但是主要在東漢獻帝建安二二年被立爲魏
　　　　國太子前後完成，以後雖陸續加以修改，但基本的架構仍是在此時完成。

立爲魏國太子，曹丕此時方有心境緬懷過往。在追述十年前的生活時，曹丕文中所描述的仍是一片安和的景象，緬想起與曹眞共止的生活。這段追憶的文字中，完全沒有流露出對曹眞的懷疑與防備。由於史料上的缺乏，不能完整得知曹丕和曹眞、曹休相處的狀況，但在曹丕的詩文集中仍然留下與曹眞、曹休私下活動的軌跡。因此，有必要針對曹丕與陳群、司馬懿、曹眞、曹休的關係，重新審思，才能理解何以曹丕要立這四位輔政大臣。仔細分析曹丕和四位輔政大臣關係，可以發現防範曹植兄弟一事，並不足以解釋曹丕爲曹叡安排輔政大臣的動機。

　　關於曹眞、曹休、司馬懿、陳群四人與曹丕的關係，史書上留下不少記載，曹丕黃初六年（225），曹丕欲進軍南行前，特地下詔曰：

> 今內有公卿以鎮京師，外設牧伯以監四方，至於元戎出征，則軍中宜有柱石之賢帥，輜重所在，又宜有鎮守之重臣，然後車駕可以周行天下，無內外之憂。吾今當征賊，欲守之積年。其以尚書令穎鄉侯陳群爲鎮軍大將軍，尚書僕射司馬懿爲撫軍大將軍。若吾臨江授諸將方略，則撫軍當留許昌，督後諸軍，錄後臺文書事；鎮軍隨車駕，當董督諸軍，錄行尚書事。〔註21〕

《通鑑》把此詔書繫於該年的二月，並與曹丕三月親自帥軍到召陵、通討虜渠等事置於同一條記載下。胡三省注《通鑑》亦言及此事，並注曰：「行尚書，謂尚書之隨駕者；後臺，謂尚書臺之留許昌者。」〔註22〕胡三省的注文中並提到召陵縣在漢代屬於汝南郡，晉代則歸於穎川郡，至於曹丕通討虜渠的目的在於討伐孫吳。根據《魏志》的記載，曹丕在位期間親自帥兵出征的次數頗多，多以伐吳爲出師之名。〔註23〕姑且不論曹丕出兵的目的何在，由於長期出征的需要，便考量到出征時期朝政上的預先規劃，設置鎮軍、撫軍一職便成爲曹丕兼顧內外政治、軍事的方式了。黃初六年的詔書，分別任命陳群、司馬懿擔任鎮軍大將軍及撫軍大將軍，即是曹丕爲了兼顧內外政局所考量的結果。詔書中提到「元戎出征，則軍中宜有柱石之賢帥，輜重所在，又宜有

〔註21〕頁84。此詔書全文，裴注引自《魏略》。

〔註22〕司馬光，《資治通鑑》（臺北：天工書局，1988再版），頁2222。

〔註23〕東漢獻帝延康元年（220）六月，在東漢尚未禪位於曹魏之前，初任魏王的曹丕即已治兵南征。黃初三年（222）因孫權復叛，曹丕自許昌南征。黃初五年（224）八月造水軍，親御龍舟，至壽春，九月並至廣陵，赦青、徐二州，改易諸將守。黃初六年三月爲舟師東征、十月至廣陵故城。

鎮守之重臣，然後車駕可以周行天下，無內外之憂。」一言，即明白道出曹丕的安排，目的在於使朝廷無內外之憂。值得注意的是陳群、司馬懿在轉任為鎮軍、撫軍一職前，分別在朝中擔任尚書令與尚書僕射，轉任後的職責劃分，則為「撫軍當留許昌，督後諸軍，錄後臺文書事；鎮軍隨車駕，當董督諸軍，錄行尚書事。」基本上是軍、政權力兼具。由於牽涉到權力的安排，所以曹丕在出任人選的規劃上，必定會從他所熟知、信任的幕僚中做考量，才能夠真正達到內外無憂的要求。

根據《晉書·宣帝紀》的記載，司馬懿在魏國建立之後，擔任太子中庶子一職，與陳群、吳質、朱鑠三人並號稱為「四友」。司馬懿初入仕，時曹丕尚未被立為魏太子，即和曹丕互相交遊，後來擔任魏國太子曹丕的幕僚時，「每與大謀，輒有奇策，為太子所敬重。」〔註24〕曹丕在東漢獻帝建安二十二年（217）十月方被立為魏太子，建安二十五年（曹丕即位後改元為延康元年，220）正月繼承魏王及漢丞相，前後時間相距並不長，因此《晉書》中所提到的「每與大謀，輒有奇策」一事，在時間上應是指在曹丕被選任為太子之前。在被立為魏太子前，曹丕經歷了一連串的努力方獲得嗣立之權，因此對於曹丕而言，曹植一直是其繼任的最大威脅者。《魏志》卷19〈陳思王曹植傳〉：

> （建安）十九年，徙封臨菑侯。太祖征孫權，使（曹）植留守鄴，戒之曰：「吾昔為頓邱令，年二十三。思此時所行，無悔於今。今汝年亦二十三矣，可不勉與！」植既以才見異，而丁儀、丁廙、楊脩等為之羽翼。太祖狐疑，幾為太子者數矣。而植任性而行，不自彫勵，飲酒不節。文帝御之以術，矯情自飾，左右宮人，並為之說，故遂定為嗣。〔註25〕

根據《晉書》的記載，司馬懿初為時任丞相的曹操辟為文學掾，即和曹丕交遊，後來歷任黃門侍郎、議郎、丞相東曹屬、丞相主簿諸職，後期的職位多屬於曹操的私人幕僚，因此應當和建安十九年到二十二年間的魏太子嗣位之爭有相當的關連。從曹植傳中所提到的「左右宮人」可以想見當時牽連的人物相當廣，如號稱「四友」之一的吳質，除了和曹丕、曹植皆友好之外，並在爭立太子一事上，獻計策給曹丕，可說是曹丕的主要智囊。〔註26〕吳質在

〔註24〕《晉書·宣帝紀》，頁2。
〔註25〕《魏志·陳思王曹植傳》，頁557。
〔註26〕《魏志》卷21〈吳質傳〉，頁605，文曰：「吳質，濟陰人，以文才為文帝所

冊立太子一事的貢獻，終曹丕之世，對吳質親信有加。〔註27〕除了優禮吳質之外，曹丕幼弟趙王曹幹，亦因其母在嗣立之事上，對曹丕幫助頗多，在曹丕、曹叡時期深受寵愛。〔註28〕曹丕對於幫助其即位者，往往表現出信任與親近的態度，並委於朝中重任。曹丕即魏王王位之後，把司馬懿由軍長史轉任爲丞相長史、封列侯，在曹丕稱帝後，又以司馬懿爲尚書，不久轉任督軍、御史中丞等職。司馬懿一連串職位上的更動，其實是曹丕針對在其即位、稱帝等事件上有功者，進行大規模的封爵、進官的酬謝行動之一，並非僅只是因爲曹丕對司馬懿個人的信任而已。

　　相同的記載，也可以在陳群身上看到，陳群即前面所稱「四友」的一員。基本上，「四友」和曹丕的關係頗值得後人討論，史書上稱「文帝在東宮，深敬器焉，待以交友之禮，常歎曰：『自吾有回，門人日以親。』」〔註29〕曹丕親自結交陳群，並以禮待之，現示出對其特別的尊崇。除了吳質、陳群、司馬懿和曹丕保持良好的交誼外，陳群和司馬懿還榮任輔政的重責大任，除了朱鑠的政治活動，在史書的記載中不甚清楚外，其他三人均是曹丕時期的主

善。」裴注引《魏略》曰：「質字季重，以才學通博，爲五官將及諸侯所禮愛；質亦善處其兄弟之間，若前世樓君卿之遊五侯矣。」及《世語》曰：「魏王嘗出征，世子（曹丕）及臨菑侯（曹）植並送路側。植稱述功德，發言有章，左右屬目，王亦悦焉。世子悵然自失，吳質耳曰：『王當行，流涕可也。』及辭，世子泣而拜，王及左右感噓唏，於是皆以植辭多華，而誠心不及也。」頁609。

〔註27〕《魏志》卷21〈吳質傳〉，頁608，裴注引《魏略》曰：「太子即王位，又與吳質書：『南皮之游，存者三人，列祖龍飛，或將或侯。今惟吾子，棲遲下仕，從我游處，獨不及門。瓶罄罍恥，能無懷愧。』初，曹眞、曹休亦與吳質等俱在渤海游處，時休、眞亦以宗親並受爵封，出爲列將，而質故爲長史。王顧質有望，故稱二人以慰之。……及魏有天下，文帝徵質，與車駕會洛陽。到，拜北中郎將，封列侯，使持節督幽、并諸軍事，治信都。」

〔註28〕《魏志》卷20〈趙王曹幹傳〉，頁585，文曰：「（曹）幹母有寵於太祖。及文帝爲嗣，幹母有力。文帝臨崩，有遺詔，是以明帝常加恩意。」

〔註29〕《魏志》卷22〈陳群傳〉，頁634～635。在曹丕把陳群和顏回相比較這一段話中，其實透露出不少的玄機。陳群是潁川許昌人，其祖父是東漢末的黨錮名士陳寔、父大鴻臚陳紀、叔父司空掾陳諶。三人均有名於當世，世號「三君」，是當時士人所嚮往的對象。陳群曾經長期擔任曹操的私人掾屬，協助曹操處理軍國事務。曹丕在即位前特意禮敬陳群，並常常提到「自吾有回，門人日以親。」其實有藉助陳氏得聲名收攬天下人心的政治企圖。另一方面，曹丕能夠即位是建立在「宮人左右，並爲之說」的關鍵上。所以曹丕深知在嗣立太子一事上，曹操四周的幕僚實際上具有部份的影響力。

要政治骨幹。至於朱鑠，在吳質的裴注文中倒是保留下一些相關的事蹟，裴松之引《質別傳》曰：

> 帝嘗召（吳）質與曹休歡會。命郭后初見質等。帝曰：「卿仰諦視之。」其至親如此。質黃初五年朝京師，詔上將軍及特進以下皆會質所，大官給供具。酒酣，質欲盡歡。時上將軍曹眞性肥，中領軍朱鑠性瘦，質召優，使說肥瘦。……眞愈恚，拔刀瞋目，言：「俳敢輕脫，吾斬爾。」遂罵坐。質案劍曰：「曹子丹，汝非屠几上肉，吳質吞爾不搖喉，咀爾不搖牙，何敢恃勢驕邪？」（朱）鑠因起曰：「陛下使吾等來樂卿耳，乃至此邪！」質顧叱之曰：「朱鑠，敢壞坐！」諸將軍皆還坐。鑠性急，愈恚，還拔劍斬地。遂便罷也。〔註30〕

這段故事發生在黃初五年，時曹眞擔任上將軍，朱鑠則擔任掌握京師禁軍的中領軍。文中，吳質的地位相當特殊：首先，在其回京師時，曹丕親自招集重要將官到吳質的寓所與其同樂；其次，吳質恃寵而驕的態度相當明顯，即使是面對朝中的重臣宗室，也毫不畏懼。曹丕對吳質之親信，連身為曹魏宗室與朝中重臣的曹眞等人，也不敢輕舉枉動。值得注意的是曹丕對吳質的寵信，居然允許其直視郭皇后。曹丕所表現的親近舉動，事實上並不只對待吳質，還包括曹休在內，可以看出曹休與曹丕的關係也相當密切，完全看不出有懷疑、猜忌的意圖。〔註31〕

　　根據萬斯同《三國職官表》所附的中領軍一職，〔註32〕從建安末年到黃初時期先後出任的官員為曹休、曹眞、夏侯尚、陳群、朱鑠、衛臻六人。由於中領軍掌握了維護京師、皇室安全的重任，因此歷來擔任此職者，多是由皇帝自信任的臣屬中選擇。朱鑠既然可以出任中領軍一職，表示出曹丕對其的信任，因此「四友」實際上可以歸屬為曹丕周圍的一群幕僚或官僚，專為其獻策、交好的一個小集團。曾經擔任中領軍的官員中，曹休、曹眞本身屬

〔註30〕頁 609～610。

〔註31〕曹休一直是曹丕政治、軍事上的重要幫手，曹丕即利用曹休在軍隊的威權來處理青、徐兵的問題。田余慶在其〈漢魏之際的青徐豪霸〉一文中，即論及曹丕為了解決以臧霸為首的青徐豪強時，除了藉著征吳行動為名，屢次興兵南下，並藉機解決青徐兵在曹魏東部的威脅。另一方面，則是藉著曹休四次軍事職位的調動，來控制下屬臧霸的行動，並剝奪臧霸的軍權。關於曹休軍職調動的安排，事見頁 95～102。全文收錄在田余慶，《秦漢魏晉史探微》（北京：中華書局，1993）。

〔註32〕見附表（二）戍衛京師將領表。

於曹魏的主要家族成員，從小和曹丕一起長大，和曹丕的關係頗深。陳群、朱鑠則是「四友」之一員，關係亦匪淺。夏侯尚是曹氏家族的成員之一，是正始名士夏侯玄的父親，然而他和曹丕的關係亦相當地親密。在《魏志》本傳中言夏侯尚是夏侯淵族子，與曹丕相善。但是在裴注中，卻引用《魏書》之言，提到「（夏侯）尚有籌畫智略，文帝器之，與爲布衣之交。」〔註33〕在《魏書》並保留了夏侯尚疾篤後，曹丕追念夏侯尚的詔文。詔文中提到兩人相交的狀況：

> （夏侯）尚自少侍從，盡誠竭節，雖云異姓，其猶骨肉，是以入爲腹
>
> 心，出當爪牙。智略深敏，謀謨過人，不幸早殞，命也奈何！〔註34〕

詔文中清楚地點明，兩人之間的關係，其實是建立在夏侯尚對曹丕的忠誠與盡心之上，所以曹丕願意和其爲布衣之交，並不是純粹因爲他有才華，而是因爲夏侯尚在其爭奪嗣立權的過程中，願意發揮才華協助曹丕，並針對現實需要規劃、安排對策。由於夏侯尚的功勞不小，在曹丕即位之後，也很大方封拜重要官職以酬謝他。同樣地，衛臻能夠出任中領軍一職，亦和其在嗣立問題中的表現相關。《魏志》卷22〈衛臻傳〉：

> 初，太祖久不立太子，而方奇貴臨菑侯。丁儀等爲之羽翼，勸臻自
>
> 結，臻以大義拒之。及文帝即位，東海王霖有寵，帝問臻：「平原侯
>
> 何如？」臻稱明德美而終不言。〔註35〕

當朝中群臣爲了嗣子繼承權而互相結黨，且曹植的聲勢略勝曹丕一籌時，衛臻卻拒絕丁儀等人的結黨要求。雖然從這段文字敘述中，我們看不出衛臻拒絕丁儀等人的理由爲何，但從「大義」一詞來看，大致不脫立長、立賢的範圍。這段記載點出在魏太子繼承的問題上，朝中群臣盛行互相結黨，並支持可能繼承者的狀況。無論衛臻所表明的態度，是反對丁儀等人的結黨行爲，或是不支持由曹植繼承曹操的事業，對於屈居下風的曹丕而言，衛臻的態度無疑是一種公開的支持，故曹丕繼承王位之後，即封其爲散騎常侍，歷任顯職。

　　然而，相較於曹操立太子，當曹丕決定繼承人選時，衛臻亦再度表現出他的想法，用稱美曹叡來表示他對曹霖的不認同。不過，這裡卻顯現出幾個關鍵的過程，即曹丕在立曹叡爲太子之前，曾經考量過由其他的皇子繼承，

〔註33〕《魏志・夏侯尚傳》，頁294。

〔註34〕《魏志・夏侯尚傳》，頁294～295。

〔註35〕《魏志・衛臻傳》，頁649。

除了前引《魏略》中所言之京兆王曹禮外，還包括東海王曹霖，因此曹叡的繼承權遲至曹丕將崩之際方確定。其次，由衛臻稱美曹叡一事來看，朝中群臣對於曹丕諸皇子的狀況，甚至是包含低調行事的曹叡，並非完全一無所知。曹叡和群臣的關係，其實並不如史書中的敘述，完全不豫朝事、不交群臣。曹丕在是否由曹叡繼承帝位一事上，其實是經過諸多考量的。

第二節　曹叡的個人特質

在太和二年（228）蜀漢諸葛亮入侵曹魏邊境之時，曹叡雖已緊急指派曹魏猛將曹真、張郃到關中應戰，曹叡仍然親自到長安督戰，直到該年四月才返回京師洛陽。《魏略》記載到當曹叡因率軍出征在外，身在權力中心洛陽的魏廷臣僚，產生一種躁動的不安情緒，其內文為：

> 是時訛言，云帝已崩，從駕群臣迎立雍丘王（曹植）。京師自卞太后群公盡懼。及帝還，皆私察顏色。卞太后悲喜，欲推始言者，帝曰：
> 「天下皆言，將何所推？」〔註36〕

曹叡才剛即位，就必須面對朝臣間的不安與不信任感，對於其日後與朝臣的關係，是否造成不良影響，值得探討。值得注意的事，是在這段記載中所牽涉的幾個相關人物與態度。首先，在曹叡已崩的傳言中，提到隨曹叡出征的群臣迎立雍丘王曹植，為繼曹叡之後的曹魏政權繼承人；其次，則是當時京師接獲消息的態度，卞太后、群公顯得相當惶恐不安。在這段敘述中，為什麼會有這兩種情勢與反應發生？這兩個反應之間，又有什麼樣的關連，代表什麼樣的政治問題？然而不管這兩個反應間的關連為何，不可否認地仍建立在"曹叡已崩"這個傳聞上。重新審視這個記載，曹植在其中所扮演的角色與地位相當的特殊。從群臣支持曹植即位的傳聞來看，我們可以視其為曹操時代爭奪繼承權的餘流。曹丕、曹植兄弟相手的事件在東漢獻帝建安末年之際為高峰，在前幾章已經略為述及。距離曹叡即位已有十年之久，可是在這裡依然可以看到當時政爭的餘波，可以想見當時支持曹植的勢力仍然存在。在曹丕稱帝後的一連串清算行動，仍無法徹底清除朝中的反對勢力，而曹操誅殺楊脩、曹丕誅殺丁儀、丁廙等人的行為，不過是把支持曹植的人逼向暗處，這股勢力卻依然存在魏廷之中。所以曹叡在回到洛陽之後，聽到這段傳聞時，僅僅能以「天下皆言，將何

〔註36〕《魏志》卷3〈明帝紀〉，頁95，裴注引自《魏略》。

所推？」一言，表示出他不願追究的態度。

　　曹叡此舉並不是爲了表現他心胸的寬大，應是曹叡審視整個曹魏政治發展後所做出的決定，曹叡對於過去歷史的前因後果有一定的認識，所以他意識到朝中仍然存有另一種聲音存在，而這個聲音所隱含的力量，並不是光用追究始言者的行動就能遏止住的。所以曹叡所說的「天下皆言」，並不是平白無據的說法。其次，朝中所暗存的另一股勢力，其實也可以理解到爲什麼當時在洛陽的卞太后、群公們會皆疑懼不安。卞太后本身爲曹操育有四子，但是她對於幼子曹植的疼愛卻是有史可徵，連曹丕欲對曹植報復都不得如願。〔註37〕按常理說來，如果眞的發生曹叡突崩的政治事件，而曹叡又沒有繼承人的情況下，曹植順勢接替皇位其實是可以理解的結果。當時在京師洛陽的權力中心者，都不應該會有這樣的惶懼狀況發生，因此可以肯定的是，這些人擔憂的不是曹植繼承皇位一事，而是對這個事件背後所隱含勢力產生擔憂。當時朝中重臣，包括疼愛曹植的卞太后等等，絕大部份都曾經參與曹操時代的曹丕兄弟嗣位之爭，並曾全力支持曹丕的繼承權，對於曹丕繼承之後一連串的政治整肅仍然存有印象。所以他們疑懼在由曹植即位之後，朝中可能會興起另一波的秋後算帳，而這些可能性並不是當時的朝中人所樂意見到的。

　　雖然傳言終因曹叡的回京而停止，但是可以預見的，這樣的傳言內容對於曹叡而言，是具有一定的警告意味。因爲他意識到在周圍的宿將老臣中，不乏曾經親逢曹操、曹丕時代嗣位之爭的人物，其中不少人更是實際參與策劃、權力部署的重要人物。陳群、司馬懿等輔政大臣恰巧就是嗣位之爭的參與、推動者，即連以梗直著稱的衛臻、辛毗等人亦然。當時的競爭者曹植依然存活著，雖然曹植早已被屛棄於政治中心之外，但是他的存在總是一個事

〔註37〕《魏志》卷5〈武宣卞皇后傳〉，頁157，裴注引用《魏書》言：「東阿王（曹）植，太后少子，最愛之。」又同一頁附有裴松之案，文曰：「文帝夢磨錢，欲使文滅而更愈明，以問周宣。宣答曰：『此陛下家事，雖意欲爾，而太后不聽。』」所指的家事，即是對於曹植的處置一事，因礙於卞太后而不能如曹丕之意，故有此夢。參酌同書，卷19〈陳思王曹植傳〉頁561，傳文明言「帝因太后故，貶爵安鄉侯。」頁562，裴松之注解此段史事時，引用《魏書》中記載的曹丕相關此事的詔書，其文曰：「植，朕之同母弟。朕於天下無所不容，而況植乎？骨肉之親，舍而不誅，其改封植。」相較於誅殺黨附於曹植的丁儀、丁廙兄弟等人之事，可以看出曹丕對於此次嗣位之爭相當在意，即使是同母所出的曹植，也是心有懷恨。只是因爲卞太后的緣故，才不能藉事誅之，因此對於曹丕而言，是個很大的陰影。

實，在在提醒曹叡所萌發的危機意識。〔註38〕因此我們可以不難想見此事對於曹叡而言，無疑增加了對朝臣的猜忌感，特別是對舊有官吏的懷疑。在《魏志》中留下一段曹叡的記載，即曹叡至尚書門，欲親自審理尚書文書而爲陳矯所阻一事。〔註39〕雖然曹叡表現出對於大小政務均相當地關心的態度，甚至在無意中侵奪了尚書令的職權。然在其關心政務的表現背後，卻反應出曹叡的內心想法，除了對於臣僚行政能力的不信任外，最根本的原因應是對於臣僚的不信任，也就是對人本身的不信任。這種不信任感，實際上嚴重損害曹叡時期君臣關係的發展。

在曹叡時期的幾個政治事件中，清楚地表達出曹叡對於臣僚的某些想法。如在太和年間曹叡初營宮室之時，衛尉辛毗即提出不當大興土木的諫言。然而曹叡除了拒絕接受辛毗的諫言外，還特別以蕭何故事爲例，加強自己營建行爲的合理性。曹叡直指：

> 二虜未滅而治宮室，直諫者立名之時也。夫王者之都，當及民勞兼辦，使後世無所復增，是蕭何爲漢規摹之略也。〔註40〕

對於臣僚直諫一事的心態提出嚴厲的批判。他認爲辛毗等人的行爲，無異於「直諫者立名之時也。」指明臣下實有借諫言以立名之嫌。這是史書上有關曹叡與臣僚對話的史料中，難得可以看到曹叡直接表現出自己看法的一段記載。比較對待陳群、衛臻、楊阜、高堂隆等臣屬上書的態度，屬相當少見的直接回應。曹叡積極地把所有的權力收歸到自己的手上，並藉著外有戰事的理由，把曹丕所立的四位輔政大臣紛紛外調，獨留陳群一人在京師。後世研究者如王曉毅、楊耀昆等人，在論及曹叡朝代的政事時，均一致提到曹叡時期是曹魏集權色彩最強烈的時候。在集權色彩的描述下，曹叡企圖集權的動機，多少也是根源於他對於臣屬的不信任感，而非僅僅因其爲法家集權思想的實踐者。

曹叡對臣僚的不信任心態，左右了他在任官選材、賞善罰惡上的主觀標準。《魏略》提到當時深得曹叡親愛的秦朗，其文曰：

〔註38〕郭熹微即認爲此傳言具體代表了君主與宗室之間的矛盾心結。郭氏並提出擁護曹植的勢力，自曹操在世到曹叡即位之初，都不曾真正消失。由曹丕、曹叡對宗室近支政策的執行，可以理解到曹丕父子何以對宗室近支一再密切防範。見郭氏前揭文〈論魏晉禪代〉，頁43。

〔註39〕《魏志》卷22〈陳矯傳〉，頁644。

〔註40〕《魏志》卷25〈辛毗傳〉，頁698。

（秦）朗游遨諸侯間，歷武、文之世而無尤也。及明帝即位，授以
內官，爲驍騎將軍、給事中，每車駕出入，朗常隨從。時明帝喜發
舉，數有以輕微而致大辟者，朗終不能有所諫止，又未嘗進一善人，
帝亦以是親愛；每顧問之，多呼其小字阿蘇，數加賞賜，爲起大第
於京城中。四方雖知朗無能爲益，猶以附近至尊，多略遺之，富均
公侯。〔註41〕

從這段的記載中，我們可以看出秦朗應該屬於個性比較軟弱的人，因此他沒有
能力諫止曹叡不當的行爲；除此之外，他也沒有向曹叡推薦任何人出任官職，
顯示出他在識見上並不卓越。正因爲秦朗本身不具有任何能力與勇氣的特徵，
因而深受曹叡的信賴與寵信。然而這裡也提到秦朗在歷經曹操、曹丕統治時期，
一樣安保無事，相較於曹丕對另一個養子何晏的厭惡，可見秦朗並非眞的無能
之人。秦朗是東漢末年曹操的敵手呂布的下屬秦宜祿之子，在曹操破下邳城時，
隨其母杜氏爲曹操所納。曹操非常疼愛秦朗，和曹操另一位養子何晏同樣受到
曹操的寵愛，其寵愛不亞於曹操其他的兒子。〔註42〕然而《魏略》也提到：「蘇
性謹慎，而晏無所顧憚，服飾擬於太子，故文帝特憎之，每不呼其姓字，嘗謂
之爲『假子』。」〔註43〕一言點明兩人在個性上的差異。這也就是爲什麼秦朗能
夠在曹操、曹丕、曹叡時代常保無事的原因，根本原因就在於他的個性相當謹
慎，所以能夠避開曹丕、曹叡的猜疑。

後人魚豢則對曹氏與秦朗、孔桂等輩的關係譏評不已，他認爲：

爲上者不虛授，處下者不虛受，然後外無伐檀之嘆，內無尸素之刺，
雍熙之美著，太平之律顯矣。而佞倖之徒，但姑息人主，至乃無德
而榮，無功而祿，如是爲得不使中正日朒，傾邪滋多乎？以武皇帝
之慎賞，明皇帝之持法，而猶有若此等人，而況下斯者乎？〔註44〕

魚豢把秦朗、孔桂等人視爲「佞倖之徒」，認爲這些人因善於逢迎、順從皇帝
的意見，故能獲得無德之榮、無功之祿。裴松之將孔桂的事蹟附於《魏志》

〔註41〕《魏志》卷3〈明帝紀〉，頁100。
〔註42〕《魏志》裴注引《魏略》曰：「太祖爲司空，納（何）晏母（尹氏）並收養晏，
　　　　其時秦宜祿兒阿蘇亦隨母在公家，並見寵如公子。蘇即朗也。」，頁292。又
　　　　秦朗事蹟在《魏志·明帝紀》的裴注引用的《魏氏春秋》中保留下來。其文
　　　　中提到曹操非常喜歡秦朗，甚至在宴會待客之際，還對賓客誇言道：「世有人
　　　　愛假子如孤者乎？」，頁100。
〔註43〕頁292。何晏事蹟附於《魏志》卷9〈曹爽傳〉後。
〔註44〕《魏志》卷3〈明帝紀〉，頁101。

的注文後，史稱其「性便辟」，可以看到孔桂是個觀察細微的人，他會先偵察曹操的心意，並適時提出自己的意見，因此深受曹操的喜愛與信任。〔註45〕對比秦、孔二人的記載，我們可以看到兩人在政事都不具備卓越的能力；其次，對於整個時政的安排也沒有什麼左右的能力。秦朗、孔桂雖無益於曹氏政權的發展，卻也無害於曹氏的政治根本，因此才能得到曹氏三代的寵信。另一個明顯的證據，就是孔桂因罪被殺的真正原因。在裴注中清楚地指出孔桂雖是因私受賄賂而獲罪被殺，真正始因則是因為他在曹丕、曹植嗣位之爭中的曾經依附曹植，得罪了曹丕，所以曹丕在即帝位之後就藉故殺之。雖然秦朗、孔桂二人都有收受四方賄賂的缺點，然而卻可視為曹操、曹叡所默許的行為，魚豢所言「為上者不虛授」一語，即明白肯定秦、孔的行為其實是在曹操、曹叡所能容許的範圍內。所以曹魏時期賄賂風氣的形成，其實曹操、曹丕、曹叡三人也難辭其疚，脫不了關係。然而由此我們也可以得出一個結論，即從曹操開始到曹叡時期的選官任才的標準中，對於曹氏政權有害與否，便成為掌政者一個相當重要的依據。孔桂與秦朗得以生存在曹魏，憑藉的即是其本身對於曹氏政權根本的無害，而孔桂被曹丕所殺，原因在出於他的政治走向已經危害了曹丕獲取權力的機會，換句話說就是孔桂的政治態度，已經使曹丕產生不信任感，為自己埋下了殺機。因為信任而受到寵愛，同樣地，在原本被信任的條件消失後，失勢被殺只不過是必然的結果。〔註46〕因此，如何能夠得到皇帝的信任，不被當局所懷疑，就成為曹魏時期的官員所必須考慮的問題。

　　長年戍守在外、手握重兵的輔政大臣司馬懿，在其歷史記載中也影約透露出其有避禍的傾向。《晉書·宣帝紀》記載景初二年（238）司馬懿受命由京師出兵，東征遼東公孫淵時，曹叡下詔司馬懿弟司馬孚、長子司馬師送司馬懿大軍過故鄉河內溫縣。司馬懿在與家鄉父老故舊相聚之後，悵然、感嘆

〔註45〕 裴注引用《魏略》曰：「（孔）桂性便辟，……故太祖愛之，每在左右，出入隨從。桂察太祖意，喜樂之時，因言次曲有所陳，事多見從，數得賞賜，人多饋遺，桂由此侯服玉食。太祖既愛桂，五官將及諸侯皆親之。其後桂見太祖久不立太子，而有意於臨菑侯，因更親附臨菑侯而簡於五官將，將甚銜之。及太祖薨，文帝即王位，未及致其罪。黃初元年，隨例轉拜駙馬都尉。而桂私受西域貨賂，許為人事。事發，有詔收問，遂殺之。」《魏志·明帝記》，頁100～101。

〔註46〕 秦朗、孔桂二人均身逢曹丕、曹植爭立之際的政治鬥爭，然而事後孔桂被殺，秦朗卻富貴至曹叡時代，由此可知秦朗在朝廷的保身之道，遠勝於孔桂。

而賦歌一曲，其詞爲：

　　　天地開闢，日月重光。遭遇際會，畢力遐方。將掃群穢，還過故鄉。

　　　肅清萬里，總齊八荒。告成歸老，待罪舞陽。〔註47〕

這首歌詞其實把司馬懿長年經營、征戰的心境表達出來。他在詞中點明自己所遭遇的時代變局，以及長年所作的努力與期許。就在歌詞所突顯的豪情萬丈情緒中，語氣卻一轉變成事成之後的告老歸鄉。這種前後語氣上的差異，呈現出兩種截然不同的心境，讓人讀來覺得突兀。相較於另一段記載，卻不難發現司馬懿的心境轉折並不是沒有原因的。裴注引《世語》曰：「帝憂社稷，問矯曰：『司馬公忠正，可謂社稷之臣乎？』矯曰：『朝廷之望；社稷，未知也。』」〔註48〕曹叡的猜疑，應是司馬懿心境轉折的一個主因。身負曹丕遺命輔政的司馬懿，在曹叡即位之後即被派遣邊境，負責戍守、征戰的工作。由於長年出征在外，司馬懿手中握有一定數量的重兵，在建安舊臣紛紛凋零、朝中人才青黃不接之際，更顯得司馬懿的重要性。正因爲他在軍事上的重要性與朝中名聲，使得曹叡開始心存疑慮，並徵詢陳矯的看法。從陳矯的回答看來，雖然此時並未見陳矯肯定司馬懿有起而代魏的企圖，然而卻可以視爲朝中大臣的普遍看法。因此可知即使是身居輔政遺命的司馬懿，也不得不藉助出征在外，最易引起曹叡懷疑之際，賦詩以表明自己想告老還鄉、「待罪舞陽」的心志。〔註49〕從司馬懿企圖減少曹叡的猜忌一事來看，證明了如何使皇帝保持信任感，成爲當時曹魏君臣關係發展的必要課題，也爲日後君臣關係埋下陰影。

　　曹叡對朝臣保持戒愼、不信任的態度，掌控所有的朝政；在學術上則強調尊儒貴學，透過儒家的學說來控制士人的行爲與思想，成爲維持社會秩序的另一種律法。曹叡企圖主導整個曹魏政治走向的心態，也表現在對曹魏律法實際施行的狀況上。曹叡對律法投注相當多的注意力，如太和三年（229）

〔註47〕《晉書・宣帝紀》，頁 11。

〔註48〕《魏志・陳矯傳》，頁 644。

〔註49〕王曉毅另有〈司馬懿與曹魏政治〉一文，即是在分析司馬懿經歷曹操、曹丕、曹叡三個時期的思想變化。王氏認爲曹叡時期是司馬懿軍事權力急遽提升的關鍵時期，然而正因爲司馬懿在軍事方面所累積的地位與權力，使得曹叡及其他臣屬開始有所顧忌。作者除了提出陳矯、高堂隆等大臣的諫言，特別提到連曹叡都將其和周公相比較。對於政治相當敏感的司馬懿，在感受到朝中的懷疑眼光後，藉著東征遼東之際賦詩以表達出心裡的惆悵。收錄在《文史哲》1998：6，頁 87～95。

時，曹叡直接在宮中設置皇帝聽獄的場所，以便親自觀看獄案的審理：

> 冬十月，改平望觀曰：聽訟觀。帝常言「獄者，天下之性命也」，每
> 斷大獄，常幸觀聽之。〔註50〕

又，在青龍二年（234）春二月時，曹叡再度下詔曰：

> 鞭作官刑，所以糾慢怠也，而頃多以無辜死。其減鞭杖之制，著于
> 令。〔註51〕

從太和年間到青龍年間的詔書來看，曹叡重視律法的態度相當一致，不僅是律法條文，還兼及法律的實際施行狀況。由於刑律攸關百姓生民的性命，因此希望透過朝廷對刑律執行狀況的關注，來減少冤獄、重罰、誤判等情況發生。前引王沈的《魏書》也提到曹叡本身「好學多識，特留意於法理。」所以曹叡實際參與刑律條文與執行前，即已特別留心於相關法理的書籍典章，有一定的知識背景作為基礎。曹叡從小就熟習各種古典，所以王沈才會用「好學多識」來形容，然而，曹叡博覽群書時，最關注的還是法理方面。《魏志‧明帝紀》的裴注引用魚豢的《魏略》，在論及曹魏時期的君臣關係時，魚豢即直言「明皇帝之持法」，肯定曹叡之重法。〔註52〕因此歷來研究的學者，均視曹叡為曹魏統治時期內，最具有集權中央的法家色彩君主。〔註53〕除了重視斷獄、審問外，曹叡並特別從刑罰本身的意義來做解釋。在青龍四年（236）六月，下詔曰：

> 有虞氏畫象而民弗犯，周人刑錯而不用。朕從百王之末，追望上世
> 之風，邈乎何相去之遠？法令滋章，犯者彌多，刑罰越眾，而姦不
> 可止，往者按大辟之條，多所蠲除，思濟生民之命，此朕之至意也。
> 而郡國蔽獄，一歲之中尚過數百，豈朕訓導不醇，俾民輕罪，將苛
> 法猶存，為之陷阱乎？有司其議獄緩死，務從寬簡，及乞恩者，或
> 辭未出而獄以報斷，非所以究理盡情也。其令廷尉及天下獄官，諸
> 有死罪具獄以定，非謀反及手殺人，亟語其親治，有乞恩者，使與

〔註50〕《魏志‧明帝紀》，頁96。
〔註51〕《魏志‧明帝紀》，頁101。
〔註52〕《魏志‧明帝紀》，頁101。
〔註53〕見楊耀坤，〈有關司馬懿政變的幾個問題〉一文，楊氏即認為曹叡時期是曹魏
　　　　法家集權政治最顯著的時期。曹叡相當注意掌握大權、監督官僚、刑獄的施
　　　　行的狀況。楊氏一文收錄在《四川大學學報》1985：3，頁89～98。

奏當文書俱上，朕將思所以全之。其布告天下，使明朕意。〔註54〕

「有虞氏畫象而民弗犯，周人刑錯而不用」一言標示了曹叡雖然重法，但是他所希望的是如古代刑律備而不用，只是用來作爲嚇阻人民犯法的工具而已。所以在曹魏法令越密，而犯罪比率卻仍然高居不斷的情況下，曹叡企圖檢討問題出在哪些方面。他所採行的方法是命令「廷尉及天下獄官，諸有死罪具獄以定，非謀反及手殺人，叵語其親治，有乞恩者，使與奏當文書俱上，朕將思所以全之。」透過執行的過程來修正判決上的失當，並給予乞恩者減刑的機會。這裡，可以看到曹叡思考的方向，在於法律執行者的判決是否恰當、符合情理，而不是法律條文本身。其次，曹叡明白地指出不管政府如何寬貸犯罪者，只要涉及謀反、殺人二罪，就不在皇權寬貸的範圍內。尤其值得注意的是，在乞恩者的部分，並不是所有人都可以獲得恩惠，而是必須經過皇帝的親自審查。因此法律的行使權，表面上是由廷尉、御史等司法官負責，實際上最終的掌控者仍是在皇帝身上。曹叡企圖主掌整個朝政、刑獄的自主態度相當明顯，完全不同於其即位之前的表現。

第三節　創建考課以選舉人才

曹叡是個能力頗強，且相當有個人主見的君主。在《魏志·明帝紀》的記載中，即記載在其幼年時期，就因爲外貌異於常人而爲祖父曹操所奇，因此特別寵愛之。〔註55〕曹操善於知人是魏晉時人所共知的，〔註56〕荀彧、郭嘉在評論曹操與袁紹的優劣時，均提到曹操是個「唯才所宜」的人，〔註57〕曹操能夠依照下屬的才性任官，根據即在於其善於知人。雖然這段說法帶有傳說附會的意味，可信度值得商榷，但是可以清楚地看到作者企圖藉著曹操對曹叡的評價，來突顯出曹叡的個人特質，反而顯示出魏末、晉初士人對其

〔註54〕《魏志·明帝紀》，頁107。

〔註55〕《魏志·明帝紀》，頁91，「生而太祖（曹操）愛之，常令在左右。」裴注引《魏書》：「帝生數歲而有岐嶷之姿，武皇帝異之，曰：『我基於爾三是矣。』每朝宴會同，與侍中近臣並列帷幄。」

〔註56〕《魏志》卷1〈武帝紀〉，頁54，裴注引《魏書》：「知人善察，難眩於僞。拔于禁、樂進於行陳之間，取張遼、徐晃於亡虜之內，皆佐命立功，列爲名將；其餘拔出細微，登爲牧守者，不可勝數。」

〔註57〕荀彧之言見於《魏志》卷10〈荀彧傳〉，頁313。郭嘉則見於同書，卷14〈郭嘉傳〉裴注引《傅子》言，頁432。

之看法。在本紀的裴注中，有一段引自《世語》的記載相當地生動，即是劉曄對明帝能力的評論。由於曹叡在繼位之前，和朝中大臣接觸不多，因此即位之後，朝中舊臣對於新皇帝的才幹，存有甚多疑慮。其文曰：

> 帝與朝士素不接，即位之後，群下想聞風采。居數日，獨見侍中劉曄，語盡日。眾人側聽，曄既出，問：「何如？」曄曰：「秦始皇、漢孝武之儔，才具微不及耳。」〔註58〕

顯出朝中眾臣相當關心新皇帝是否足以勝任治理天下的責任。然而，這裡引人注目的地方，卻是劉曄的形容詞。劉曄把曹叡的才具歸於與秦始皇、漢武帝同等之統治者，綜觀史書，秦始皇與漢武帝均以雄才大略著稱，有能力及主見。然而，二人在政事上，卻也相當地專權，從曹叡日後的行事來看，劉曄的評論並不失實。其次，在曹叡即位之初，並未馬上接見朝臣，反而是以「居數日，獨見侍中劉曄，語盡日」的態度來面對朝臣，讓朝臣不知如何因應。文中的臣僚呈現出一種惶惶不安的情緒，也對映出臣僚對未來仕途的不確定。劉曄用秦始皇、漢武帝來形容明帝，是否有以秦始皇、漢武帝二朝君臣關係的多變，來影射日後曹魏君臣關係的發展，就不得而知了。

此外，史書上也保留了一些時人對曹叡的追述。如孫盛曾經聽到當時的年長耆舊者，追述曹叡時期的舊事，言道：

> 魏明帝天姿秀出，立髮垂地，口吃少言，而沉毅好斷。初，諸公受遺詔輔導，帝皆以方任處之，政自己出。由優禮大臣，開容善直，雖犯顏極諫，無所摧戮，其人君之量如此之偉。〔註59〕

王沈的《魏書》則提到：

> 帝容止可觀，望之儼然。自在東宮，不交朝臣，不問政事，唯思潛書籍而已。即位之後，褒禮大臣，料簡功能，真偽不得相貿，務絕浮華譖毀之端，行師動眾，論決大事，謀臣將相，咸服帝之大略。性特彊識，雖左右小臣官簿性行，名跡所履，及其父兄子弟，一經耳目，終不遺忘。含垢藏疾，容受直言，聽受吏民士庶上書，一月之中至數百封，雖文辭鄙陋，猶覽省究竟，意無厭倦。……好學多識，特留意於法理。〔註60〕

〔註58〕《魏志》卷3〈明帝紀〉，頁91～92。
〔註59〕《魏志》卷3〈明帝紀〉，頁115。
〔註60〕分別收錄在《魏志》卷3〈明帝紀〉，頁115、頁91。

孫盛是東晉時人，幼年曾爲了避五胡亂華之難而渡江，私撰《魏氏春秋》、《晉陽秋》等史書。〔註 61〕王沈即是在魏末高貴鄉公曹髦之難中，和王業先行告知晉文帝司馬昭的王沈。王沈的《魏書》是官修史書，向有多爲晉司馬氏避諱之譏。〔註 62〕一爲私修、一爲官修史書，無論是否有時諱的問題，雙方對於曹叡的形容卻相當一致，可以看出魏末以後至東晉時人的普遍看法，基本上仍相當肯定曹叡的才幹與行事。這些記載顯示出曹叡納諫的雅量甚高，才華亦高，然而值得注意的是文中也透露出曹叡相當關心、留意於周遭的人事物，有獨自掌握大權的狀況。〔註 63〕曹丕在駕崩前，遺命中軍將軍曹眞、鎮軍大將軍陳群、征東大將軍曹休、撫軍大將軍司馬懿輔佐明帝。〔註 64〕曹叡即位之初，即先轉任陳群爲司徒、曹休爲大司馬、曹眞爲大將軍、司馬懿爲驃騎大將軍。〔註 65〕又於太和元年（226）復遣司馬懿征討新城太守孟達的叛亂，後出屯於宛城。太和二年（227）並以防禦蜀漢諸葛亮出兵爲由，派曹眞出鎮關中。該年秋，另遣曹休率軍至皖抵抗吳將陸議，出鎮淮南。把曹丕遺命輔佐的大臣紛紛調離中央、委以邊防、對外征伐的責任，從此政由己出。曹叡在治理國事、駕馭臣下方面，是個擁有相當高自主權的君主。

由於曹叡本身的自主性，加上其對整個曹魏政權發展狀況的敏銳性，因此當盧毓提出的考課官吏的想法時，正好呼應了曹叡企圖掌握所有大權的想法：把控制官吏選舉、任用的權力由受地方影響的「九品中正制」，轉而集中到中央的吏部手中。選舉方式的轉變，也影響了曹魏一貫的人才選舉方式，即從東漢鄉論、清議風氣延續至今的人論識鑒風氣。曹叡所反對的名，其實並不單單只指浮華會成員彼此間的標榜邀譽，嚴格說來應當包含了對整個舊

〔註 61〕《晉書》卷 82〈孫盛傳〉，頁 2147～2148。

〔註 62〕《晉書》卷 39〈王沈傳〉，頁 1143，文曰：「王沈字處道，……與荀顗、阮籍共撰《魏書》，多爲時諱，未若陳壽之實錄也。……及高貴鄉公將攻文帝，召沈與王業告之，沈、業馳白（文）帝，……沈既不忠於主，甚爲眾論所非。」

〔註 63〕楊耀坤即認爲曹叡繼曹丕的策略，更加強化了中央集權，見楊氏〈有關司馬懿政變的幾個問題〉一文。因此曹叡時期是曹魏法家集權政治最顯著的時期。曹叡除了掌握大權之外，也相當嚴格地監督官僚，並關心刑獄的施行。在軍事，則直接指揮對蜀、吳的戰爭，並解決遼東公孫淵的問題，是個頗有作爲的君主。

〔註 64〕《魏志》卷 2〈文帝紀〉，頁 86。

〔註 65〕萬氏《三國職官志》，頁 1293。其註解大將軍一職時，即言：「魏制，大將軍每屯長安以備蜀。」因此可以得知明帝轉任曹眞爲大將軍是有計畫地，故後以蜀漢出兵爲由，使曹眞鎮守關右。

有選舉方式及「九品中正制」的不滿。浮華案，不過是曹叡藉以整頓舊有人才選舉、官僚生態的一個理由而已。景初元年（237），曹叡下詔由散騎常侍劉劭作考課法，目的即在於改革舊有選舉方法的流弊。《通典》卷 15〈選舉三〉考績條，即言到：

> 魏明帝時以士人毀稱是非，混雜難辨，遂令散騎常侍劉劭作都官考課之法七十二條，考覈百官，其略欲使州郡考士必由四科，〔註66〕皆有效，然後察舉。或辟公府，爲親人長吏，轉以功次補郡守者，或就秩而加賜爵焉。至於公卿及内職大臣，率考之。〔註67〕

從這段文字中，可以看到考課法的實行範圍並不只限於拔擢新一代的政府官員的標準，也往上溯及在職官員的考核。在曹叡的授意之下，可以窺見劉劭制定考課法的主旨與目的，在於考覈新舊百官。吳慧蓮即認爲劉劭所擬定的考課法實際涵蓋兩個部份，一是州郡士察舉部份，其次是親民長吏的施政績效部份。〔註68〕由於考課法所考核的範圍牽涉到所有的新舊官吏，群臣一陣嘩然，當考課法轉由百官議論時，也引起朝臣的嚴厲抨擊。〔註69〕

　　當時表達反對意見的朝臣主要有司隸校尉崔林、黃門侍郎杜恕與司空掾傅嘏等人，所闡述的論點相當地廣泛，關心的焦點亦不同。《魏志·崔林傳》：

> 散騎常侍劉劭作考課論，制下百僚。林議曰：「案《周官》考課，其文備矣，自康王以下，遂以陵遲，此即考課之法存乎其人也。及漢之季，其失豈在乎佐吏之職不密哉？方今軍旅，或猥或卒，備之以科條，申之以内外，增減無常，故難一矣。且萬目不張舉其綱，眾毛不整振

〔註66〕根據應劭《漢官儀》，「四科」的内容爲：
　　「一曰：德行高妙，志節清白；二曰：學通行修，經中博士；三曰：明達法令，足以決疑，能案章覆問，文中御史；四曰：剛毅多略，遭事不惑，明足以決，才任三輔令：皆有孝悌廉公之行。」見《後漢書·志》卷24〈百官志一〉，注引應劭《漢官儀》，頁3559。
〔註67〕唐·杜佑，《通典》（北京：中華書局，1984），頁86。
〔註68〕吳慧蓮，〈曹魏的考課法與魏晉革命〉，《臺大歷史學報》21，1997。
〔註69〕《魏志》卷21〈劉劭傳〉，頁619～620，提到劉劭遵從曹叡的旨意，作「都官考課法」72條，並另作〈說略〉1篇、〈樂論〉14篇，事成而未上，正逢曹叡崩，故不得施行。然而考證杜恕、崔林、傅嘏等人的傳文，可以看出劉劭的考課法在當時朝臣間引起很大的反彈，群臣們對於考課法的内容和施行都有很多爭議，考課法終未能行，最主要的原因就是在於群臣無法取得共識。劉劭的考課法雖然未曾施行，但其抑浮華、考核百官的精神仍然被保留下來，曹芳時代王昶所撰的「百官考課事」即是延續這個精神。

其領。皋陶仕虞，伊尹臣殷，不仁者遠。五帝三王未必如一，而各以
治亂。《易》曰：『易簡，而天下之理得矣。』太祖隨宜設辟，以遺來
今，不患不法古也。以爲今之制度，不爲疏闊，惟在守一勿失而已。
若朝臣能任仲山甫之重，式是百辟，則孰敢不肅？」〔註70〕

崔林認爲制度的施行與否，除了與時代背景有關，根本原因在主事者身上，
而不是制度本身。所以他舉皋陶、伊尹二賢臣爲例，強調治世的關鍵在於明
君是否得以全權委任能臣。不過，在文末以傳說中周宣王的賢臣仲山甫爲例，
崔林卻加上「則孰敢不肅？」的註解，反應出集權的傾向，相形之下，百官
反而成爲主要執政者的附庸。又，相較於另一位反對考課者傅嘏的說法，傅
嘏即曾針對劉劭的考課法加以論難，其事曰：

散騎常侍劉劭作考課法，事下三府。嘏難劭論曰：「案劭考課論，雖
欲尋前代黜陟之文，然其制度略以闕亡。……以古施今，事雜義殊，
難得而通也。所以然者，制宜經遠，或不切近，法應時務，不足垂後。
夫建官均職，清理民物，所以立本也；循名考實，糾勵成規，所以治
末也。本綱末舉而造制未呈，國略不崇而考課是先，懼不足以料賢愚
之分，精幽明之理也。昔先王之擇才，必本行於州閭，講道於庠序，
行具而謂之賢，道脩則謂之能。鄉老獻賢能于王，王拜受之，舉其賢
者，出使長之，科其能者，入使治之，此先王收才之義也。方今九州
之民，爰及京城，未有六鄉之舉，其選才之職，專任吏部。案品狀則
實才未必當，任薄伐則德行未爲敘，如此則殿最之課，未盡人才。述
綜王度，敷贊國式，體深義廣，難得而詳也。」〔註71〕

傅嘏認爲考課法只是末因，而根本原因應是如何「建官均職」，這關鍵就在於
人才的舉用。雖然傅嘏眞正反對的原因，在於把選材權專任於吏部的原則，
因此他一再強調人才的舉用不應專任一方，而是沿用先人擇才本於州閭鄉議
的辦法，仍有集思廣益的意味。值得注意的是杜恕的論點，杜恕在人才選用
的考量上，肯定內外官吏確有考核的必要，確保人才能夠勝任職務上的要求，
以賞善罰惡作爲考課的結果。然而，考課法並不是杜恕此次上書的重點，而
是把臣僚的得失放在君王身上，即君王的態度影響了臣僚在職務上的表現。
《魏志・杜恕傳》：

〔註70〕《魏志》卷 24〈崔林傳〉，頁 680～681。
〔註71〕《魏志》卷 21〈傅嘏傳〉，頁 622～623。

時又大議考課之制，以考內外眾官。恕以爲用不盡其人，雖才且無
益，所存非所務，所務非世要。上疏曰：「今奏考功者，陳周、漢之
法爲，綴京房之本旨，可謂明考課之要矣。於以崇揖讓之風，興濟
濟之治，臣以爲未盡善也。其欲使州郡考士，必由四科，皆有事效，
然後察舉，試辟公府，爲親民長吏，轉以功次補郡守者，或就增秩
賜爵，此最考課之急務也。臣以爲便當顯其身，用其言，使具爲課
州郡之法，法具施行，立必信之賞，施必行之罰。至於公卿及內職
大臣，亦當俱以其職考課之也。古之三公，坐而論道，內職大臣，
納言補闕，無善不紀，無過不舉。且天下至大，萬機至眾，誠非一
明所能遍照。故君爲元首，臣作股肱，明其一體相須而成也。是以
古人稱廊廟之材，非一木之支；帝王之業，非一士之略。由是言之，
焉有大臣守職辨課可以致雍熙者哉！⋯⋯諸蒙寵祿受重任者，不徒
欲舉明主於唐、虞之上而已；身亦欲廁稷、契之列。是以古人不患
於念治之心不盡，患於自任之意不足，此誠人主使之然也。⋯⋯今
大臣親奉明詔，給事目下，其有鳳位在公，恪勤特立，當官不撓貴
勢，執平不阿所私，危言危行以處朝廷者，自明主所察也。若尸祿
以爲高，拱默以爲智，當官苟在於免負，立朝不忘於容身，絜行遜
言以處朝廷者，亦明主所察也。誠使容身保位，無放退之辜，而盡
節在公，抱見疑之勢，公義不脩而私議成俗，雖仲尼爲謀，猶不能
盡一才，又況於世俗之人乎！」後考課竟不行。〔註72〕

杜恕強調帝王大業的成功關鍵，在於君王能夠獲得所有官僚的效力與支持。
然而官僚是否眞的盡心於職守，則受到君主的態度左右。因此一位明君必須
能夠體察、明辨臣僚是「不撓貴勢，執平不阿所私，危言危行以處朝廷者」
或是「尸祿以爲高，拱默以爲智，當官苟在於免負，立朝不忘於容身，絜行
遜言以處朝廷者」。從臣僚的態度來觀察君臣關係的變化，因此杜恕才會有「誠
人主使之然」的結論。從以上的言論來看，雖然他們反對考課的理由不同，
但卻不約而同地注意到「人」在「制度」中的重要性，認爲主事者才是政策
成功與否的關鍵。

　　在曹叡時代，由於群僚爭論不休，無法取得一致的共識，劉劭制定的考
課法終究沒有實施。考課法雖然沒有實際的實施狀況可以評估，成效如何還

〔註72〕《魏志》卷 16〈杜恕傳〉，頁 500～502。

是個疑問，但群臣的議論卻呈現出一般官員對朝政運作的看法，以及曹叡的真正態度。杜恕文中一再強調臣僚的態度是君王所造成的，曹叡即位之初時，臣僚惶惶不安的心情也反映出曹叡刻意營造不安氣氛的企圖。杜恕雖是以古代帝王、臣僚關係為例，卻有暗指曹叡操縱臣心態的嫌疑。在考課法的規劃中，把政府選擇人才的權力交由吏部負責，別於漢代鄉舉里選的方式。漢代的選舉，必須先經過地方鄉閭的考核，才由郡國推薦給中央，因此傅嘏才會一再強調人才的選任必須由「鄉老獻賢能于王，王拜受之，舉其賢者，出使長之，科其能者，入使治之，此先王收才之義也。」表面上，皇帝是國家權力的中心，實際上他的權力卻不是無限大，仍有許多限制。對於國家基本的官僚組成，皇帝只能站在一個接受者的立場，必須從四方舉薦的人才中選任官員，然後才加以考察其是否稱職。地方鄉議的力量，無形中左右了政府官員的來源，也在先天上限制了皇帝對於臣屬的選擇權，使皇帝變成被動的施行者。把政府的官員選舉權收歸吏部負責，直接由中央的選任，即改變地方鄉議在人才來源中所扮演的角色，而皇帝也不會受到鄉議的限制。畢竟吏部尚書的選任權在皇帝，而不是地方鄉議，皇帝可以藉著吏部尚書的派任，達到左右人才選任的目的。從史書上的記載，曹叡企圖按照考課法的規劃，把官員的選任交由吏部負責，因此非常注重吏部選任人才的狀況。許允擔任吏部郎時，曾因為選舉事件而差點獲罪於曹叡。孫盛《魏氏春秋》言到：

> （許）允為吏部郎，選郡守。明帝疑其所用非次，召入，將加罪。……
> 帝怒詰之，允對曰：「某郡太守雖限滿文書先至，年限在後，〔某守
> 雖後〕，日限在前。」帝取前事視之，乃釋遣出。〔註73〕

在南朝宋劉義慶的《世說新語》也記載了相同的事件，但與孫氏的記載略有不同，所以值得我們參考、比較：

> 許允為吏部郎，多用其鄉里，魏明帝遣虎賁收之。……帝覈問之，允
> 對曰：「『舉爾所知。』臣之鄉人，臣所知也。陛下檢校為稱職與不？
> 若不稱職，臣受其罪。」既檢校，皆官得其人，於是乃釋。〔註74〕

從以上兩段記載，可以看到曹叡對於吏部選任各級官員的狀況相當注意，特別是吏部任用的理由與該官員的適任狀況，因此選任稍有不公，即有獲罪的

〔註73〕許允事，附於《魏志》卷9〈夏侯玄傳〉傳後的裴注，頁303。

〔註74〕余嘉錫，《世說新語箋疏》（上海：上海古籍出版社，1993）〈賢媛第十九〉，頁679。

可能。對比前後文描述曹叡生氣的理由，卻可以看到截然不同的答案，《魏氏春秋》中的許允因爲任用郡守先後次序問題，而招致明帝的怒氣，在《世說新語》中，卻藉著許允的回應，明白指出曹叡眞正不滿的原因是認爲許允私心任用故舊。許允雖然代表朝廷負責官員的選舉，實際上仍然受到地方輿論的影響，明顯地違背曹叡想要完全由中央掌控選舉的目標。所以許允直接指出選舉上的限制，本來即很容易受到本身的人際網絡與認知所影響，重點不在於是否爲故舊，而是適任與否。

　　曹叡對於選舉任用故舊的情況不滿，正是符合其懲處浮華會成員、行考課法所抱持的一貫態度。從前一章董昭上書中所舉的建安年間魏諷案、黃初曹偉案到太和浮華會案件，都是由一群在政治和社會上名聲卓越的政治官僚所帶動的，流風所及，不但影響社會大眾的觀聽，也影響了政府官員的選舉任用，威脅政府的政治權威。曹叡本身並不是個喜歡結黨、邀譽的人，這從其即位初期魏臣的陌生與好奇可見一斑，也許這也是曹丕選其爲繼任者的原因之一。〔註75〕在選舉上任用鄉里故舊，可能導致群僚結黨的情況發生，和漢代鄉舉里選的選舉方式到東漢後期所產生的流弊無異。在曹丕統治時期，時任司空西曹掾屬的陳群建議設置的「九品中正制」，其目的即是企圖矯正兩漢選舉不實的流弊，加強中央對地方之管制。〔註76〕所以曹叡眞正關心的重點，並不是選舉制度本身的好壞，而是希望藉著把選舉官員權收歸中央的方式，達到監督、管理地方輿論的效果。更重要地，由於吏部尙書、臣僚的任用權在皇帝本身，相較於地方輿論的影響，吏部更容易爲皇帝個人意志所控制，無形中達到曹叡企圖主導整個政治走向的要求。因此，從一連串懲處浮華成員的行動，到創建考課法以考察百官的企圖，不過是曹叡主導政府走向中央集權的一個過程。

<hr>

〔註75〕曹丕本身經歷了兄弟嗣位之政爭，所以對於政廷官員互相結黨、支持可能繼承者的狀況深惡痛覺。可參考王夢鷗，〈從典論殘篇看曹丕嗣位之爭〉，《史語所集刊》51：1，1980。頁98～100。

〔註76〕陳師　啓雲在其〈中國中古「士族政治」淵源考〉一文中，對於東漢末年士人有由「士人」轉變爲「士族」的明顯跡象。其次，除了士人彼此之間的互相結黨外，士人與宗族鄉黨間的關係也日益親密，互相結合的狀況亦屢見不鮮。收錄在《漢晉六朝文化・社會・制度──中華中古前期史研究》（臺北：新文豐出版社，1996），頁129～169。而中央官吏與地方豪族關係之變化，則詳見於啓雲師收錄在同一書之〈關於東漢史的幾個問題：清議、黨錮、黃巾〉，頁55～73。

附表（二）：戍衛京師將領表

1. 魏中領軍：一人，第三品。掌禁軍，主五校、中壘、武衛三營。建安四年，太祖丞相府自置領軍，延康中置中領軍，故漢北軍中侯之官也。資重者爲領軍將軍，資輕者爲中領軍，出征則置行領軍。

A. 領 軍

人　名	受命時間	史　料　來　源	備　　　　　註
史　渙	建安中	《魏志・夏侯惇傳》注《魏書》	
韓　浩	建安十八年	《魏志・武帝紀》注《魏書》、《魏志・夏侯惇傳》注《魏書》	《魏書》所附官銜爲中領軍
劉　曄	建安二〇年	《魏志・劉曄傳》	爲地方高族名人。隨曹操平張魯，勸其趁勝功劉備，不從。還爲行軍長史，兼領軍。黃初元年轉侍中。

B. 中領軍

人　名	受命時間	史　料　來　源	備　　　　　註
曹　休	建安二〇年	《魏志・曹休傳》	（案《魏略》云延康中置此官，則是年不應即書中領軍，當由史臣據後制言之。）曹休隨曹操自漢中還拜中領軍，曹丕即王位，遷鎮軍將軍。夏侯惇薨後，以曹休爲鎮南將軍，假節都督諸軍事。
曹　眞	建安二四年	《魏志・曹眞傳》	原爲騎都尉參曹洪軍事，亦從曹操至長安。曹丕稱帝遷鎮西將軍。
夏侯尙	延康元年	《魏志・夏侯尙傳》	原官爲散騎常侍。曹丕稱帝後，遷征南將軍、領荊州刺史、假節都督南方諸軍事，復遷征南大將軍。
陳　群	黃初四年	《魏志・陳群傳》	以尙書令領
朱　鑠	黃初五年	《吳質別傳》	
衛　臻	黃初末		以吏部尙書行
夏侯獻		《魏志・公孫度傳》注《魏名臣奏》	
薛　悌		《魏志・陳矯傳》注《世語》	

人　名	受命時間	史　料　來　源	備　註
荀　　顗		《魏志・荀彧傳》	
桓　　範	太和中	《魏志・曹爽傳》注《魏略》	
許　　允		《魏志・夏侯尚傳》《世說・賢媛》引《魏略》作領軍將軍	
曹　　羲	嘉平元年	《魏志・三少帝紀》	
王　　觀	嘉平元年		以太僕行
司馬昭	正元二年	《晉書・文帝紀》	以安東將軍兼
王　　肅	正元中		
司馬望	景元末	《晉書》	以衛將軍領
羊　　祜	咸熙末	《晉書》	

C. 領軍將軍

人　名	受命時間	史　料　來　源	備　　註
曹　　休	延康元年		
夏侯獻	景初二年	《魏志・劉放傳》	
蔣　　濟	正始元年		由護軍將軍徙
曹　　演	正元中	《魏志・曹仁傳》	
曹　　羲		《北堂書鈔》、《傅子》	

2. **魏中護軍**：一人，第四品。掌禁軍，總統諸將任，主武官選舉，隸領軍。太祖爲漢丞相時置護軍，建安十二年改爲中護軍。資重者爲護軍將軍，資輕者爲護軍。

A. 護　軍

人　名	受命時間	史　料　來　源	備　　註
王　　圖	建安十八年	《魏志・武帝紀》注《魏書》	
韓　　浩	建安末年	《魏志・武帝紀》注《魏書》	
□　　陟	延康元年	《上尊號碑》	無　氏

B. 中護軍

人　名	受命時間	史　料　來　源	備　　註
牽　　招	建安末年		
陳　　群	黃初六年		以鎭軍大將軍領

蔣　濟	太和中		
畢　軌	正始中	《魏志・曹爽傳》注《魏略》	
夏侯玄	正始中		
司馬師	嘉平初	《魏志・夏侯玄傳》注《魏略》	代替夏侯玄
司馬望	嘉平六年	《魏志・三少帝紀》注《魏書》、《晉諸公贊》、《魏志・毌丘儉傳》注《魏書》	
司馬炎	景元元年	《晉書・武帝紀》	假　節
賈　充	景元初	《魏志・賈逵傳》、《魏志・鍾會傳》	由廷尉遷
賈　充	景元四年	《魏志・賈逵傳》、《魏志・鍾會傳》	假　節

C. 護軍將軍

人　名	受命時間	史　料　來　源	備　註
夏侯淵	建安十七年		
蔣　濟	太和中		由中護軍就遷
司馬望	嘉平三年	《晉書》	

資料來源：萬斯同《三國職官志》〈中領軍條〉，頁 1463～1465。又〈中護軍條〉，頁 1466～1468。

　　按：從以上出任中護軍、中領軍等官的名單來看，以曹氏宗族、夏侯氏及朝中重臣居多。由於戍衛京師牽涉到皇室本身的安全與政權的穩固，因此能夠出任的人，必從皇室信任的人選中選擇。

第四章　史書對於曹叡時代的描述

　　從魏晉時期的歷史發展來看，曹操結束了東漢末年以來朝廷與地方的分裂動亂，奠定日後魏、蜀、吳三國分立的基礎；曹丕則完成漢魏禪代的工作，結束兩漢王朝數百年的統治。相較於曹操、曹丕時代的政治變局，繼承父祖功業之後的曹叡，雖然還是在外交上繼承了吳、蜀的威脅，並一而再地受到蜀漢諸葛亮的軍事挑戰，但是他所面對的軍事、政治情勢已經完全異於曹操、曹丕時代的格局了。其次，在曹叡即位之時，曾經在曹操、曹丕時代貢獻心力、共同奮鬥的臣屬中，還有不少老臣仍在朝中活動，如前文所引的劉曄、司馬懿、曹眞、曹休、陳群、高柔、蔣濟等等。對於初即位的新君曹叡而言，如何使長年跟隨曹操、曹丕四處征戰，及創建、規劃國政的軍政宿將、老臣，能夠接受他的統治，建立屬於自己的權威，就成爲曹叡治國中，首先必須面臨的問題。至於曹叡是如何看待這些舊有臣屬，又，他和這些臣屬之間的關係爲何，則值得行文探討了。

　　根據史料上的記載和描述，曹叡在位時期先後使用三個年號：太和、青龍及景初，統治時期則可以蜀漢丞相諸葛亮病亡一事，作爲分界，顯示出曹叡前後治國態度的不同。曹叡初即位，正逢蜀漢丞相諸葛亮一再出征、西南邊境不安之時，這時曹魏全國上下，均把注意力放在蜀漢的軍事威脅。另一方面，由諸葛亮主導的蜀漢、東吳聯盟走向，使得孫吳成爲曹魏東南邊區的潛在威脅，增加曹魏對蜀戰爭的複雜性。在史書的描述中，初即位的曹叡除了在父祖時代的重臣、勇將協助下，穩定曹魏政權的根基，本身亦努力於實際的政務，故朝政上是一片積極的景象。當諸葛亮在北伐曹魏的行動中病亡後，蜀漢政權暫時無暇北伐，解除了曹魏在西南邊區的威脅，曹叡的形象卻

一轉爲大營宮室、廣納後宮、重視個人生活上的享樂，招致大臣勸言不斷。
因此，在論及曹叡統治下的曹魏時，必須了解史書是如何形容這段歷史的發
展；其次，曹叡在對蜀戰爭結束的前後，史書又呈現出何種形象。從史書的
文字敘述中，探究曹叡的治國方式，以及個人行事上與心態上的轉變。因此
本章的討論重點，以青龍年間蜀漢丞相諸葛亮病亡爲分界點，用以區分曹叡
統治時代的差異。

第一節　對邊境威脅的因應

　　曹叡繼承皇位時，其實也繼承了曹操、曹丕統治時代的邊境威脅。在曹
丕病篤之後，整個邊境也相對呈現出一種不安的氣氛。〔註1〕黃初七年（226）
八月，曹叡即位不久，先後發生兩次對孫吳戰爭：一爲孫權主動出兵攻打江
夏郡，與江夏郡太守文聘相拒事件；二爲吳左將軍諸葛瑾及部將張霸入犯襄
陽事件。等到南方邊境稍爲安定，太和二年（228）又逢蜀漢丞相諸葛亮出兵，
天水、南安、安定三郡叛魏助蜀的危急狀態。除了邊境有孫吳、蜀漢雙方的
進軍行爲之外，曹魏政權本身也是反叛事件不斷。太和元年（227）二月先有
麴英反叛於西北，並誅殺當地的地方長官；十二月則有新城太守孟達反叛於
新城的政治事件。面對本身叛亂、邊境戰爭又不絕的狀況，對於初繼皇位的
青年皇帝曹叡來說，是一項嚴格的政治能力考驗。該如何去處理魏廷一連串
的軍國大事，實際上關係到日後曹叡政權本身的穩固與否。

　　曹叡相當清楚在自己初接掌政權時，這些入侵、叛亂事件無異於對自己
威權的公開挑戰。因此，曹叡除了派遣曹魏大將抵抗、討平外，並直接參與
軍事上的部署與討論。《魏志》記載當文聘被圍於江夏時，曹魏君臣的反應：

> 朝議欲發兵救之，帝曰：「權習水戰，所以敢下船陸攻者，幾掩不備
> 也。今已與聘相持，夫攻守勢倍，終不敢久也。」先時遣治書侍御
> 史荀禹慰勞邊方，禹到，於江夏發所經縣兵及所從步騎千人乘山舉
> 火，權退之。〔註2〕

當群臣商議要出兵救援江夏時，曹叡即針對東吳在軍事上的特色加以分析。

〔註1〕　《吳志》卷2〈吳主傳第二〉，頁1132～1133，文曰：「秋七月，（孫）權聞魏
　　　　文帝崩，征江夏，圍石陽，不克而還。」可以看出孫吳即是在獲知曹丕病亡
　　　　後，趁機發動此次的軍事攻擊。
〔註2〕　《魏志・明帝紀》，頁92。

曹叡認為東吳所憑藉的軍事優勢在於水軍方面，然而這次圍攻江夏的行動，孫權所採用的方式卻是想以出奇不意地的方式陸攻。在文聘堅守的情況下，攻守易勢，對不善於陸攻的吳軍而言，負擔加重，自然無法支撐太久。因此不用群臣出兵救援的建議，反而只派遣中央官吏的荀禹去慰勞邊境軍民。荀禹在僅發江夏縣兵及隨行步卒的情況下，成功地威嚇住孫權的軍隊。其次，並分別派遣撫軍大將軍司馬懿、征東大將軍曹休至東南邊境，以抵抗諸葛瑾與張霸軍隊的攻擊。司馬懿成功地擊退諸葛瑾的軍隊，並斬其部將張霸，而曹休又於尋陽大破東吳別將，可以看出曹魏政廷在面對東吳孫權入侵一事上，採用的政策成功地遏止東吳的攻勢。

這裡值得我們注意的事，是當時魏廷在抵抗東吳入侵時，所作的對策與軍事部署。從前面相關的史料中，可以看出在朝議方面，曹魏的大臣一般傾向於派遣大軍抵禦孫權的攻擊。但是曹叡並沒有接受眾多朝臣的意見，反而只有派遣荀禹做中央代表，以安定邊境軍民。其次，在襄陽部份的軍事部署，曹叡則是直接指派身負曹丕遺命輔政大任的司馬懿、曹休出征。從前後兩件軍事部署的結果來看，在曹叡的規劃、部署下，荀禹、司馬懿、曹休紛紛成功達到曹叡退敵的要求。然而仔細深究這次軍事上的部署，其實可以發現曹叡在初繼位時，面對外敵入侵，而父祖時代的朝中舊臣在出兵態度上又相當一致，並與其意見相左時，仍然按照自己的想法去部署，並沒有受到朝臣的左右。其次，曹叡在部署、規劃時，能夠針對東吳軍事的特質，分析給朝中臣僚聽，也顯現出他對曹魏、東吳軍勢上的了解。從這裡也可以證明在前一章的討論中，關於曹叡即位前不交人事的態度，事實上對於朝中政治、外交情勢並不是真的一無所知，而是保持著高度的關注。〔註3〕

其次，曹叡除了向群臣展現出自己對軍國大事的了解，更重要的是在對外將領人員的安排上，曹叡展現了高度的自主性。黃初七年秋冬，吳將來犯時，曹叡先後派遣屬於輔政大臣之一的司馬懿、曹休出征抗吳；在退敵、論

〔註3〕 同樣的狀況也可以在蜀漢諸葛亮來犯一事上看到，《魏志》裴松之注引用《魏書》記載到當時魏廷的反應。文曰：「是時朝臣未知計所出，帝曰：『亮阻山為固，今者自來，既合兵書致人之術；且亮貪三郡，知進而不知退，今因此時，破亮必也。』乃部勒兵馬步騎五萬拒亮。」，頁94。這裡的曹叡不僅引用兵書中的理論，並從諸葛亮的心理加以分析蜀漢出兵的狀況。無論他的目的是在於安定朝中不安的心理，或是向群臣顯示自己的見識，故發此言。但是也顯現出曹叡對於兵書、蜀漢的狀況也有相當程度的了解。

功行賞之後，該年年底又將原本的遺命輔政大臣及朝廷舊臣重新排安排新的朝中職務：撫軍大將軍司馬懿轉爲驃騎大將軍、中軍大將軍曹眞改任爲大將軍、征東大將軍曹休爲大司馬、鎮軍大將軍陳群任司空、太尉鍾繇爲太傅、司徒華歆爲太尉、司空王朗爲司徒。〔註4〕新城太守孟達反叛、蜀漢丞相諸葛亮寇邊的消息傳來之後，又接著派遣司馬懿征討孟達及曹眞、張郃都督關中地區軍隊。太和二年（228）九月則另遣曹休至皖對抗吳將陸遜。〔註5〕在曹叡一連串的安排調度下，曹丕所冊立的四位輔政大臣實際上只有陳群一人仍然留在中央任職，其餘紛紛藉著對外軍事需要，而被調離曹魏中央的政治圈。

　　《魏志》的記載中，留下這四位輔政大臣與其他朝中舊臣的事蹟，也包含了其在曹叡時代的政治活動脈絡。太和二年（228），曹叡使司馬懿、曹休二人率軍征吳。司馬懿從漢水溯江而下、曹休則督大軍向尋陽，兵分二路。但曹休至皖時，正逢吳將陸遜的軍隊，在石亭軍敗而回。曹休回朝謝罪後，發病而卒。曹眞則自太和二年鎮守關中地區之後，直到太和四年（230）才得以回朝改任大司馬一職。然而曹眞回朝不久，即向曹叡獻計討伐蜀漢，〔註6〕因此在該年七月曹叡復任命曹眞與司馬懿出兵討蜀，八月時曹眞率領魏軍自長安出發，經由子午道進攻蜀漢。司馬懿則沿漢水，預計與曹眞會軍於南鄭。這次的軍事行動因逢九月大雨，伊、洛、河、漢水溢，而下詔班師回朝。次年三月，曹眞即因病而薨。因此在曹叡即位之後，曹眞、曹休二人並沒有達到曹丕所要求的，在中央政事上輔佐曹叡的目標。曹休、曹眞雖在曹叡的委任下，負責曹魏西南、東南邊境對蜀漢、孫吳的軍事重任，實際上卻因爲帶兵而一直遠離曹魏的中央權力中心：洛陽。司馬懿則早在討伐新城太守孟達反叛之前，即爲曹叡所指派屯軍於宛城，並都督荊州、豫州二州諸軍事。自此，司馬懿開始其長年在外的軍旅生涯，直到景初三年（239）曹叡死前召回輔政爲止，幾乎都未在中央任職。〔註7〕特別是太和五年（231）曹眞病卒之

〔註4〕《魏志》卷3〈明帝紀〉，頁92。

〔註5〕陸遜原名陸議，後改名，見《吳志》卷13〈陸遜傳〉，頁1343。

〔註6〕《魏志》卷9〈曹眞傳〉，頁282，文曰：「眞以『蜀連出侵邊境，宜遂伐之，數道並入，可大克也。』帝從其計。眞當發西討，帝親臨送。」曹叡除了接受曹眞的計策出兵攻蜀，並親自送曹眞等將士出發，可以看出曹叡對此事相當的重視。

〔註7〕根據《晉書·宣帝紀》的記載上，可以看出司馬懿在太和元年被派屯軍於宛城始，到諸葛亮死前，主要活動範圍不脱蜀漢、曹魏邊界。諸葛亮死後，曹魏西南邊區的威脅解除之後，司馬懿仍然駐守在關中地區，到了青龍四年

後，又逢諸葛亮進犯天水，司馬懿接替曹眞的工作，成為負責抵禦蜀漢入侵的主要將領。〔註8〕然而在《晉書‧宣帝紀》的記載中，史臣留下一段當時的政治對話，顯示出曹叡在即位初期和司馬懿之間的關係，及曹叡所關心的政治問題。其文曰：

> 時邊郡新附，多無戶名，魏朝欲加隱實。屬帝（司馬懿）朝於京師，天子訪之於帝。帝對曰：「賊以密網束下，故下棄之。宜弘以大綱，則自然安樂。」又問二虜宜討，何者為先？對曰：「吳以中國不習水戰，故敢散居東關。凡攻敵者，必扼其喉而舂其心。夏口、東關，賊之心喉。若為陸軍以向皖城，引（孫）權東下，為水戰軍向夏口，乘其虛而擊之，此神兵從天而墮，破之必矣。」天子並然之，復命帝屯於宛。四年，遷大將軍，加大都督，假黃鉞，與曹眞伐蜀。〔註9〕

司馬懿自從屯戍於宛城之後，主要責任是維護邊區的安全，並負責安定孟達亂後的西南邊區秩序，因而遠離中央朝廷。此次能夠回到京師，主要的原因是曹叡的詔命召見，以提供曹叡一些軍事上的建議。此次的會見，主動權掌握在曹叡的手中，故而在曹叡得到他所需要的資訊之後，即刻命令司馬懿返回宛城駐地。所以，對於整個魏廷政治的發展而言，司馬懿並沒有起到實際參與政治、輔政嗣君的作用，反倒成為曹叡的國策顧問而已。值得注意的是司馬懿對曹叡的建言內容，文中提到治國當「弘以大綱，則自然安樂」；其次，在面對吳、蜀的軍事取捨中，司馬懿所關心的焦點卻在東南戰區的孫吳，而不是其所擔負的西南戰區。在征吳或征蜀的考量中，司馬懿反而建議曹叡針對東吳邊區防守上的弱點，主動出擊，藉著水、陸二軍並用的戰略，使孫權措手不及。相對地，卻未見其對蜀漢的軍事提出建言，相較於對東吳的主動

（236），曹叡才將其召回京，目的在於使其至遼東平定遼東太守公孫淵之亂。又《魏志‧明帝紀》，裴注引《魏略》，頁114，提到遼東亂平之後，燕王曹宇幫曹叡規劃政事，使司馬懿從遼東回軍後直接由河內西還，繼續鎮守關中，後因曹叡復手詔其回京輔政，才結束長年在外征討的軍旅生活。

〔註8〕《晉書》卷1〈宣帝紀〉，頁6，「明年，諸葛亮寇天水，圍將軍賈嗣、魏平於祁山。天子曰：『西方有事，非君莫可付者。』乃使帝西屯長安，都督雍、梁二州諸軍事，……。」曹叡一言是否有褒美之意味，不得而知。然在曹叡時代中，由於蜀漢不停地入侵，戰事上的需要卻又逢父祖時代的功臣宿將如曹眞、曹休等接連的過世，實際上魏廷已經面臨無將帥可用的窘況。因此對於曹叡而言，司馬懿是鎮守邊區的唯一人選，另一方面又可以將其調離中央的權力中心，一舉兩得。

〔註9〕《晉書‧宣帝紀》，頁6。

攻擊，呈現出消極、被動的態度。

　　自太和二年春始，蜀漢丞相諸葛亮開始發動攻勢，攻擊蜀漢、曹魏邊界，引發天水、南安、安定三郡吏民反叛並響應蜀軍的連鎖效應。曹叡緊急派遣大將軍曹真都督關中，以安定關中地區的情勢。右將軍張郃在街亭一役，大敗諸葛亮軍隊，諸葛亮方回軍，因此三郡平定。加上在太和元年即戍守宛城的司馬懿，可以看出曹叡相當關心整個關中及蜀漢邊區的情勢，所以派遣重臣、宿將加以鎮守。〔註10〕而蜀漢諸葛亮這次的軍事行動雖然不利，但也揭開日後蜀漢不斷攻擊曹魏邊境的行動。因此，以曹魏當時邊區的形勢來看，如何抵禦蜀漢一再入侵應為曹魏朝廷當急之務。在曹叡時代，史書上有關諸葛亮進軍的記載不斷，街亭一役的挫敗，並沒有阻斷蜀漢的軍事行動，在該年十二月，諸葛亮再度率軍圍攻陳倉，曹真派遣費曜等將拒之。〔註11〕太和三年（229、蜀漢建興七年）諸葛亮復遣蜀將陳式攻武都、陰平二郡，成功取得此二郡，使得魏雍州刺史郭淮無功而還。太和五年（231、蜀漢建興九年）諸葛亮復出祁山，並射殺魏將張郃。直到青龍二年（234、蜀漢建興十二年）

〔註10〕　同事參酌《蜀志》的記載，在卷5〈諸葛亮傳〉，頁922，「（建興）六年春，揚聲由斜谷取郿，使趙雲、鄧芝為疑軍，據箕谷，魏大將軍曹真舉眾拒之。亮身率諸軍攻祁山，戎陳整齊，賞罰肅而號令明，南安、天水、安定三郡叛魏應亮，關中響震。魏明帝西鎮長安，命張郃拒亮，亮使馬謖督諸軍在前，與郃戰於街亭。」可以看出蜀漢在出軍前，諸葛亮已經為此次的行動先行部署與訓練，故而蜀漢是有備而來；相較之下，曹魏朝廷則是一片的驚慌。同傳的裴注引用《魏略》即言及當時魏廷的反應：「始，國家以蜀中惟有劉備。備既死，數歲寂然無聲，是以略無備預；而卒聞亮出，朝野恐懼，隴右、祁山尤甚，故三郡同時應亮。」，頁922。當時曹魏的君臣在沒有心理準備的情況下，陷入一片驚慌，最主要的關鍵就是因劉備死而鬆懈了對蜀漢的注意。因此曹叡在朝臣不安的情況，除了派遣二朝大將曹真、張郃抵禦，更親自到長安督戰，力圖安定整個局勢。在曹叡的全心關注中，其實也透露出曹魏本身對於外在局勢，特別是蜀漢與孫吳的了解，已經有不足的隱憂。同樣的狀況亦出現在太和二年時，曹休督軍向尋陽時，為吳將假降所騙，軍事失利後退還石亭。顯見曹魏對於敵國軍情的觀察不足，對於所獲取的消息，往往有判斷上的困難。

〔註11〕　《魏志》卷9〈曹真傳〉，頁281，「（曹）真以亮懲於祁山，後出必從陳倉，乃使將軍郝昭、王生守陳倉，治其城。明年春，亮果圍陳倉，已有備而不能克。」在〈明帝紀〉中，提到在太和二年十二月時諸葛亮兵圍陳倉，費曜拒之，然本傳卻言諸葛亮在次年春圍陳倉。《蜀志》卷5〈諸葛亮傳〉，頁924，則提到諸葛亮在蜀漢後主建興六年冬出散關、圍陳倉。又同書卷3〈後主傳〉，頁896，記載亦同。因此推斷諸葛亮這次的軍事行動，應始於曹魏太和二年、蜀漢建興六年冬，至圍曹魏陳倉時已至次年春，故有此時間記載上的差異。

春，諸葛亮率軍由斜谷出兵，佔據武功五丈原，和司馬懿對峙於渭南，八月諸葛亮死於軍中後，才結束由蜀漢諸葛亮主導的軍事攻勢。然而，可以發現太和、青龍年間，曹魏政廷幾乎把所有的關注放在西南邊區的蜀漢，因此孫吳並不是當時曹魏軍事防禦的重點。曹叡把司馬懿自宛城召回，以尋求邊事建議的時間則在太和三年時。此時的曹魏朝野正是從蜀漢出兵的震撼中恢復之時，因此鎮守西南邊區的司馬懿對於蜀漢的走向應該有相當的了解與戒心，但從其建言中卻以東吳為關注焦點。由此可以得知在面對外有二敵的情況下，曹魏所採取的態度相當不同，一為主動出擊以扼其心喉、一為消極防禦，不先做任何行動。然而，從實際負責蜀漢邊界大將的態度，卻也顯示出曹魏對西南戰區的無力。在面對諸葛亮傾蜀漢全力入侵的情況下，即使是有實際軍事經驗、並以善戰聞名的司馬懿也不願輕啓戰端。〔註12〕

　　另一位輔政大臣陳群則留在中央任職，擔任司空一職並錄尚書事。陳群曾針對曹叡政策、行事上的不當提出建言。在曹叡初即位之時，陳群即上疏言：

> 《詩》稱「儀刑文王，萬邦作孚」；又曰「刑於寡妻，至於兄弟，以
> 御於家邦」。道自近始，而化洽於天下。自喪亂已來，干戈未戢，百
> 姓不識王教之本，懼其陵遲已甚。陛下當盛魏之隆，荷二祖之業，
> 天下想望至治，唯有以崇德布化，惠恤黎庶，則兆民幸甚。夫臣下
> 雷同，是非相蔽，國之大患也。若不和睦則有讎黨，有讎黨則毀譽
> 無端，毀譽無端則真偽失實，不可不深防備，有以絕其源流。〔註13〕

曹叡初即位，陳群即對曹叡提出治國的理念，在治民方面，應當注重「崇德布化，惠恤黎庶」的王教之本；在朝政上，則要防範「是非相蔽」的狀況，以杜絕朝臣結黨、互相毀譽的情況。陳群的治民理念，和前文司馬懿所提出

〔註12〕《晉書》卷1〈宣帝紀〉，頁11，「初，文懿聞魏師之出也，請救於孫權。權亦出兵遙為之聲援，遺文懿書曰：『司馬公善用兵，變化若神，所向無前，深為弟憂之。』」《晉書》對於司馬懿的軍事長才是否有溢美之嫌，姑且不論，但在明帝曹叡時期能夠為其所信任，並四處征討亂事、負責西南邊區大任，可以想見司馬懿是當時曹魏將帥中，才華頗受重用的主要將領。然而，以司馬懿之善戰，在時人的記載中卻也留下懼畏諸葛亮的說法。《蜀志·諸葛亮傳》，裴注引用《漢晉春秋》，頁926，即言：「亮自出，數挑戰。宣王亦表固請戰。（曹叡）使衛尉辛毗持節以制之。姜維謂亮曰：『辛佐治仗節而到，賊不復出矣。』亮曰：『彼本無戰情，所以固請戰者，以示武於其眾耳。將在軍，君命有所不受，苟能制吾，豈千里而請戰邪？』」同事亦為《晉書》所引用。
〔註13〕《魏志》卷22〈陳群傳〉，頁635。

的「弘以大綱,則自然安樂」的觀念,均是針對治國所提出的建言。可見二
人確實有善盡輔政責任、一匡朝政的意圖,毫無疑問地,身居中央的陳群所
表現出的勸諫行為也更為明顯。〔註14〕

　　從陳群的本傳,我們可以看到他確實企圖在政治、軍事上一再善盡匡正
皇帝的責任。曹叡初即位,就針對治民、朝政等理念提出建言。並在軍事上
針對實際狀況提出諫言,如太和中曹真要求軍分數路、由斜谷伐蜀時,陳群
即言:

> 「太祖昔到陽平攻張魯,多收豆麥以益軍糧,魯未下而食猶乏。今
> 既無所因,且斜谷阻險,難以進退,轉運必見鈔截,多留兵守要,
> 則損戰士,不可不熟慮也。」帝從群議。真復表從子午道。群又陳
> 其不便,並言軍事用度之計。詔以群議下真,真據之遂行。會霖雨
> 積日,群又以為宜詔真還,帝從之。〔註15〕

在此次由曹真主導的征蜀行動中,陳群一再針對計策上的缺失提出諫言,從
軍事調度、曹魏本身人力物力的後備支援、氣候的變化等因素立論,企圖彌
補曹真規劃上的不足。這次的行動終因大雨不停,且曹叡最終接納了陳群的
意見而劃上終止線,然而,卻可以發現曹真、陳群等輔政大臣在政治、軍事
等立場上,態度並不是完全一致,而是能根據現實因素加以考量,確實盡職
於曹丕所要求的輔政工作。在這次出征行動上,曹叡終於接受朝中包括陳群
等持反對態度大臣的意見,召回曹真、司馬懿的大軍。但是在接下來的朝事
發展中,陳群的建言卻漸漸不為曹叡所接受。太和六年（232）,陳群勸諫曹
叡追封皇女曹淑並親自送葬一事,曹叡即不聽其言而行。〔註16〕當蜀漢諸葛

〔註14〕司馬懿同為輔政大臣,然因長年在外征討,故不得常有諫言。其回京師,多
　　　　為曹叡命其出軍征討前,諮詢軍事建議而已。如前面本文中所言曹叡問征吳、
　　　　蜀事,及征遼東公孫淵反等亂。因此司馬懿往往只能藉此機會勸諫曹叡,如
　　　　出兵討伐公孫淵前,司馬懿即勸諫曹叡大興宮室一事。事見《晉書》卷1〈宣
　　　　帝紀〉,頁10。
〔註15〕《魏志》卷22〈陳群傳〉,頁635。
〔註16〕《通鑑》將此事繫於太和六年,見卷72〈魏紀四〉,頁2275。《魏志》卷22
　　　　〈陳群傳〉,頁636。在陳群的上疏中,保留了當時的狀況,文曰:「後皇女淑
　　　　薨,追封平原懿公主。群上疏曰:『……八歲下殤,禮所不備,況未期月,而
　　　　以成人禮送之,加為制服,舉朝素衣,朝夕哭臨,自古以來,未有此比。而
　　　　乃復自往視陵,親臨祖載。願陛下抑割無益有損之事,但悉聽群臣送葬,乞
　　　　車駕不行,此萬國之至望也。聞車駕欲幸摩陂,實到許昌,二宮上下,皆悉
　　　　俱東,舉朝上下,莫不驚怪。或言欲以避衰,或言欲於便處移殿舍,或不知

亮去世，來自西南邊境的威脅減少後，曹叡於青龍年間開始大興宮室，招致百姓耕作失時，影響農民生計甚巨，陳群也一再提出勸言，曹叡終究沒有停止營造宮室的行為，〔註17〕而陳群亦於青龍四年（236）去世，未能克竟其匡正帝王之職。

　　曹丕所遺命的四位輔政大臣，雖然沒能在政治上起到完全匡正嗣君、輔佐國事的目標，但在曹叡朝，仍然有不少曹操、曹丕時代的舊臣在政治上活躍，貢獻個人之能力，如太和元年吳人彭綺起兵，揚言為魏討吳一事；又同一年曹叡得知諸葛亮在漢中，欲發兵攻擊時，孫資均針對蜀漢、東吳與曹魏情勢加以分析，阻止曹叡進兵之心。〔註18〕又太和四年曹真、司馬懿伐蜀一事上，除了陳群一再反對之外，當時的太尉華歆、少府楊阜、散騎常侍王肅等大臣也紛紛提出不同的反對意見，顯見曹魏群臣仍然相當關心朝政的正常運作。其次，曹叡在政事上亦有勵精圖治的表現，如《魏志》卷22〈陳矯傳〉中，即提到：

> 明帝即位，……車駕嘗卒至尚書門，矯跪問帝曰：「陛下欲何之？」
> 帝曰：「欲案行文書耳。」矯曰：「此自臣職分，非陛下所宜臨也。
> 若臣不稱其職，則請就黜退。陛下宜還。」帝慚，回車而反。〔註19〕

何故。……若必當移避，繕治金墉城西宮，及孟津別宮，皆可權時分止。可無舉宮暴露野次，廢損盛節蠶農之要。又賊地聞之，以為大衰。加所煩費，不可計量。……況乃帝王萬國之王，靜則天下安，動則天下擾，豈可輕脫哉？』帝不聽。」在陳群的言論中，可以看出曹魏群臣對於曹叡的決定一片驚慌，及曹叡堅持執行詔命的固執。曹叡對於亡女曹淑的寵愛與悲痛情猶可原，然而對於身居帝王臣僚的陳群來說，卻有可能會危害國本。所以陳群除了直言曹叡此舉與禮制不合外，也對送葬、遷移宮舍的不當提出建議替代的方法。然而，在最末以帝王對國家的影響而言，陳群直指曹叡此行是「輕脫」之舉，卻最為深刻，顯現出陳群對於曹叡堅這種持己見、不顧國家根本的態度，有頗多的微詞與不滿。少府楊阜即很不客氣地直言批評，其文曰：「文皇帝、武宣皇后崩，陛下皆不送葬，所以重社稷、備不虞也。何至孩抱之赤子而可以送葬也哉？」直接指責曹叡行為的不當，不滿曹叡除了為私愛而置國家於不顧外，對於先人亦無尊重之心。見《魏志》卷25〈楊阜傳〉，頁707。

〔註17〕在《魏志》陳群的本傳中，即言曹叡因陳群之諫言，在營造的規模上有所減省，但仍然沒有完全停止整個宮室的建造。

〔註18〕《魏志》卷14〈劉放傳〉，頁458。裴注附有孫資個人的傳紀。裴松之引用孫資後人所撰《資別傳》一書，收錄孫資勸阻曹叡出兵攻擊諸葛亮、及吳人彭綺叛吳應魏的言論。另引《魏氏春秋》，在烏丸校尉田豫被軻比能圍於馬邑故城時，孫資亦建議曹叡使上谷太守閻志，前往說降軻比能。

〔註19〕頁644。

曹叡積極於政事上，甚至有總攬所有大小政事、干預官僚系統運作的侵權行為發生，基本上，此時的曹魏政局仍然呈現出一種積極的表象。但是曹叡侵奪行政官僚的行為，卻也為日後曹魏政局的發展埋下不良的因子，嚴重影響君臣關係的和諧。在《魏志》裴注引用《資別傳》時，即言及：

> 是時，孫權、諸葛亮號稱劇賊，無歲不有軍征。而（明）帝總攝群
> 下，內圖禦寇之計，外規廟勝之畫，（孫）資皆管之。然自以受腹心，
> 常讓事於帝曰：「動大眾、舉大事，宜與群下共之；既以示明，且於
> 探求為廣。」〔註20〕

裴松之在引用孫資後人所撰的《資別傳》時，認為其後人有掩飾劉放、孫資過失之企圖。〔註21〕然而從這段文字記載中，其實還是可以一窺諸葛亮去世前的曹叡，在內外朝政的掌握與規劃上，已經開始採取獨攬大權的方式，即使是需要建議時，亦多與近臣商議，而不是廣納朝中大臣的意見。在青龍年間，減少西南邊境的威脅後，曹叡在政治上專權的態度也更形明顯。

第二節　邊境無憂後的內政運作

　　青龍二年（234）八月，諸葛亮病亡於出擊曹魏的軍事行動後，曹魏解除了來自蜀漢的威脅，也讓曹叡更加重視個人的享樂。太和元年（227），曹叡在鄴城立其母甄皇后的陵寢，並派遣王朗前往鄴城監督工程進度。王朗在巡視的過程中，發現百姓生活困難，而曹叡卻開始大興土木、營建宮室，因而上書規勸曹叡，其全文收錄在《魏志・王朗傳》中：

> 明帝即位，……使（王朗）至鄴省文昭皇后陵，見百姓或有不足。
> 是時方營修宮室，朗上疏曰：「陛下即位已來，恩詔屢布，百姓萬民
> 莫不欣欣。臣頃奉使北行，往反道路，聞眾徭役，其可得蠲除者甚
> 多。……昔大禹將欲拯天下之大患，故乃先卑其宮室，儉其衣食，
> 用能盡有九州，彌成五服。……孝武之所以能奮其軍勢，拓其外境，
> 誠因祖考畜積素足，故能遂成大功。……明卹遠者略近，事外者簡
> 內。自漢之初及其中興，皆於金革略寢之後，然後鳳闕猥闌，德陽
> 並起。今當建始之前足用列朝會，崇華之後足用序內官，華林、天

〔註20〕頁458。
〔註21〕頁461。

淵足用展游宴，若且先成閭闔之象魏，使足用列遠人之朝貢者，脩
城池，使足用絕踰越，成國險，其餘一切，且須豐年。一以勤耕農
爲務，習戎備爲事，則國無怨曠，戶口滋息，民充兵彊，而寇戎不
賓，緝熙不足，未之有也。」〔註22〕

王朗上疏的全文甚長，其從歷史上所列舉的帝王事蹟亦多，然而內容上終不
脫「明邇遠者略近，事外者簡內」的主旨，要求曹叡減少個人享受、整修武
備、並獎勵百姓農耕。由於曹叡初即位，孫吳即趁著曹魏有國喪的時機進攻，
吳軍方退，又逢蜀漢諸葛亮一再入寇邊疆。在邊境不安、腹背受敵的情況下，
整個朝廷的注意力均在對外軍事、鞏固國家政治根本上，營造甄皇后陵寢一
事，雖爲人子孝思的表現，然而以實際政務的考量而言，卻是不急之務。尤
其是在營造陵寢的工程上，所耗費的人力無異減少了國家可以動員的兵源。
對於需要後方大量人力、物力支援，以維持曹魏邊境兵員、糧食需求的戰況
來說，只會減少國家的戰鬥力。因此，王朗認爲在帝王宮室的營造上，可以
沿用舊有的宮殿。宮殿只要符合三個基本原則：即空間上足以容納君臣的朝
會、皇帝后妃的居住，並得以接見外來朝貢的使者便可。如此的儉約生活，
是爲了爲曹魏後代子孫留下豐富的資源，作爲底定吳、蜀的資本。由於曹叡
也意識到在現實政治中，環境狀況的不允許，稍有節制。然而，曹叡仍於太
和元年四月開始營造洛陽的宗廟，〔註23〕又於太和六年（232）九月興建許昌
宮及景福、承光二殿。〔註24〕可以想見曹叡在營建宮室一事上，雖然國家邊
境多事，且已有大臣諫言在前，仍然相當堅持自己營造宮室的想法。

　　青龍年間，曹叡再度大興土木、營建新的宮室。曹叡除了追求居住宮殿、
遊樂場所的享受外，還大肆選拔具有姿色的士女入宮，極盡耳目之娛，引起
眾臣一片譁然。〔註25〕然而當時一再上書勸諫曹叡的臣僚，所堅持的理由卻

〔註22〕　頁412～413。
〔註23〕　《魏志》卷3〈明帝紀〉，頁92。
〔註24〕　《魏志》卷3〈明帝紀〉，頁99。
〔註25〕　《魏志》卷3〈明帝紀〉，頁104～105。裴注引用《魏略》，保留了當時的狀
　　　　　況：「是年起太極諸殿，築總章觀，高十餘丈，建翔鳳於其上；又於芳林園中
　　　　　起陂池，楫櫂越歌；又於列殿之北，立八坊，諸才人以次序處其中，貴人夫
　　　　　人以上，轉南附焉，其秩石擬百官之數。帝常游宴在內，乃選女子知書可付
　　　　　信者六人，以爲女尚書，使典省外奏事，處當畫可，自貴人以下至尚保，及
　　　　　給掖庭灑掃，習伎歌者，各有千數。通引穀水過九龍殿前，爲玉井綺欄，蟾
　　　　　蜍含受，神龍吐出。使博士馬均作司南車，水轉百戲。歲首建巨歌，魚龍曼

仍不脫王朗上書中的論點。如青龍四年（236）司馬懿因接受曹叡詔命回京，以出征遼東公孫淵時，即利用將行之際勸諫曹叡該以救濟百姓生活困難為先。

> 是時大修宮室，加之以軍旅，百姓饑弊。帝將即戎，乃諫曰：「昔周
> 公營洛邑，蕭何造未央，今宮室未備，臣之責也。然自河以北，百
> 姓困窮，外內有役，勢不並興，宜假絕內務，以救時急。」〔註26〕

司馬懿看到在西南威脅解除之後，曹叡更加大興土木，對天下生民的影響加重甚多。百姓除了必須負擔大修宮室的人力外，還須充任國家對外各項戰爭的兵員，造成農業勞動力的不足；農業勞動力不足，自然會影響到糧食生產，造成糧食不足的結果。因此司馬懿認為應以解決百姓生活困難為當急之務，而不是汲汲於皇帝個人的內務上。值得注意的事，在《魏志·陳群傳》中，留下了曹叡與司空陳群對於大興土木一事的爭論。

> 青龍中，營治宮室，百姓失農時。（陳）群上疏曰：「禹承唐、虞之盛，
> 由卑宮室而惡衣服，況今喪亂之後，人民至少，比漢文、景之時，不
> 過一大郡。加邊境有事，將士勞苦，若有水旱之患，國家之深憂也。
> 且吳、蜀未滅，社稷不安。宜及其未動，講武勸農，有以待之。今舍
> 此急而先宮室，臣懼百姓遂困，將何以應敵？昔劉備自成都至白水，
> 多作傳舍，興費人役，太祖知其疲民也。今中國勞力，亦吳、蜀之所
> 願。此安危之機也，惟陛下慮之。」帝答曰：「王者宮室，亦宜並立。
> 滅賊之後，但當罷守耳，豈可復興役邪？是故君之職，蕭何之大略也。」
> 群又曰：「昔漢祖唯與項羽爭天下，羽已滅，宮室燒焚，是以蕭何建
> 武庫、太倉，皆是要急，然猶非其壯麗。今二虜未平，誠不宜與古同
> 也。夫人之所欲，莫不有辭，況乃天王，莫之敢違。前欲壞武庫，謂

延，弄馬倒騎，備如漢西京之制，⋯⋯太子舍人張茂以吳、蜀數動，諸將出征，而帝盛興宮室，留意於玩飾，賜與無度，帑藏空竭；又錄奪士女前已嫁為吏民妻者，還以配士，既聽以生口自贖，又簡選其有姿色者內之庭掖，⋯⋯。」從這段文字可以看到當時所建造的殿舍甚眾，除了外在居住環境的舒適，曹叡還講究裝潢擺飾上的奢侈。大興土木、整修宮室，都造成百姓的負擔。除此之外，後宮人數遽增、內寵過多亦是引人非議的地方，尤其是許多士女是來自於掠奪官吏之妻眷，更增加百姓不滿。其中一段，提到曹叡時常游樂於其間，為了便於親自監視政事，還特地挑選知書的女子負責朝中文書，顯示出即使是遊樂之中，曹叡仍然不願把大權分層交給大臣辦理，寧願政由己出。

〔註26〕《晉書》卷1〈宣帝紀〉，頁10。

不可不壞也；後欲置之，謂不可不置也。若必作之，故非臣下辭言所
屈；若少留神，卓然回意，亦非臣下之所及也。漢明帝欲起德陽殿，
鍾離意諫，即用其言，後乃復作之；殿成，謂群臣曰：『鍾離尚書在，
不得成此殿也。』夫王者豈憚一臣，蓋爲百姓也。今臣不能少凝聖聽，
不及意遠矣。」帝於是有所減省。〔註27〕

這段文字相當地精彩，尤其是陳群緊追著曹叡說法上的漏洞，直言提出批評，
直指曹叡在言語與行事上的矛盾。從曹叡以蕭何重建武庫、太倉的史事，作
爲自己大興土木的合理依據，便可以理解何以司馬懿在出征遼東前，會以「蕭
何造未央，今宮室未備，臣之責也」爲例子，將未能營建宮室的責任放在臣
僚身上，指出曹叡不當將重心放在臣僚該負的責任上，而是應當以救急天下
百姓生活爲主。司馬懿藉著自陳臣僚之失，含蓄地勸諫曹叡不應重視個人內
務的享受，相較之下，陳群的諫言就顯得直接而深刻。

　　《通鑑》將陳群此疏繫於青龍三年（235）四月條上，而在該年之正月曹
丕文德郭皇后以憂殂，並於同年三月下葬。在國喪初過，曹叡即開始大營宮
室，完全不因郭皇后喪有所避諱。元、胡三省在注解此事時，亦言：「諸葛亮
死，帝乃大興宮室。晉士燮所謂『釋楚爲外懼』者，此也。」〔註28〕將曹叡
大肆興建宮室的行爲歸於諸葛亮死後，減少外在的威脅，故而放鬆戒心，開
始追求生活上的享樂。曹叡重視宮室的行爲早已有跡可循，在外有蜀漢、東
吳的軍事威脅下，仍不敢在個人的喜好上過於放肆。一但邊境威脅解除之後，
曹叡追求生活享受、充實內宮的行爲也就更加明顯。其次，從陳群提出曹叡
毀壞武庫、又重建的理由來看，可以看出曹叡其實是按照自己主觀意識來決
定的，完全不是依據國家現實所需要來動工。曹叡的言行自然給予臣下唐塞、
敷衍的感覺，所以陳群回應曹叡時，已經不再提出經典、聖人的言論來勸誡，
而是直指曹叡的行爲上的錯誤，根本就是「人之所欲，莫不有辭，況乃天王，
莫之敢違。」文中所徵引的例子，也都是漢魏之際實際的政治、軍事狀況，
不再上追三代等古事。陳群清楚認知到在興建工程的過程中，主要由君王的
個人意識主導，臣僚的諫言根本起不了什麼作用，所以才會以「若必作之，
故非臣下辭言所屈；若少留神，卓然回意，亦非臣下之所及也。」一言，感
嘆自己的諫言無法吸引皇帝的注意，還不如鍾離意。陳群在青龍三年上疏勸

〔註27〕頁 636～637。
〔註28〕《通鑑》卷 73〈魏紀五・明帝青龍三年〉，頁 2304。

諫曹叡，並於次年十二月薨，然而朝中仍有不少大臣盡力提出諫言，企圖規諫曹叡在政治上失政之處。

曹魏朝臣在提出諫言時，除了考慮到蜀漢、孫吳二敵的外在軍事威脅外，也對生民百姓所受到的影響、農業生產的狀況投以關注。因此當時上書規諫曹叡的焦點，除了建造過多的宮室、殿舍外，皇帝後宮人數過眾、禁地獵法嚴苛、曹叡在生活享受太過於奢侈等等，同樣也是群臣所關注的問題。曹叡在營造許昌宮後，又轉而營建洛陽宮殿觀閣。少府楊阜即認為「不夙夜敬止，允恭卹民，而乃自暇自逸，惟宮臺是侈是飾，必有顛覆危亡之禍。」〔註29〕直言曹魏在外有二敵的情況下，為了維護國家宗廟、邊境的安全，導致整個國家的軍力、人力均疲於東西征討的軍事行動，嚴重影響農業的生產力，使「農夫廢業、民有饑色」，然而曹叡卻不以此為憂，仍然不停地營造宮殿。〔註30〕中書侍郎王基亦借古之名言，「水所以載舟，亦所以覆舟」一言以勸戒曹叡。他認為曹叡大修宮室過於頻繁，已經造成「事役勞苦，男女離曠」的狀況。〔註31〕衛尉辛毗則早在太和年間曹叡初營宮室之時，即提出諫言。辛毗參考曹魏所獲得的敵情，認為孫吳、蜀漢有進軍中原的跡象，而曹魏本身因營建宮室，又加上農產歉收，有影響國本的可能。〔註32〕而其後曹叡又欲平北芒，於其上造臺觀以登高觀孟津，辛毗即提出這樣的工程不只勞民傷財，又違反天地自然之性，一旦強力改變自然景觀，可能會造成「九河盈溢，洪水為害，而丘陵皆夷」的狀況，曹魏將無力承擔其後果，〔註33〕使曹叡不得不打消此念頭。

廷尉高柔則對曹叡不顧外在敵人威脅，反而役使百姓大興殿舍、廣納後

〔註29〕《魏志》卷25〈楊阜傳〉，頁707。
〔註30〕全文收錄在《魏志》卷25〈楊阜傳〉，頁707～708。
〔註31〕《魏志》卷27〈王基傳〉，頁751。
〔註32〕《魏志》卷25〈辛毗傳〉，頁698。傳文中提到曹叡方脩殿舍，即造成百姓勞役，因此辛毗以軍情上疏勸諫，曰：「竊聞諸葛亮講武治兵，而孫權市馬遼東，量其意指，似欲相左右。」希望曹叡能以社稷安危為計。然而曹叡的答覆卻是「二虜未滅而治宮室，直諫者立名之時也。夫王者之都，當及民勞兼辦，使後世無所復增，是蕭何為漢規摹之略也。」除了以蕭何為例，加強營建行為的合理性，並指臣下有借諫言以立名之嫌。
〔註33〕《魏志》卷25〈辛毗傳〉，頁698。又《通鑑》將辛毗此文與陳群、楊阜、王基、高柔等大臣諫言置於青龍三年同條，然據《魏志》本傳來看，辛毗自曹叡即位之後，即轉任衛尉一職，其中曾以大將軍軍師的身分，至司馬懿軍中協助抵禦諸葛亮，亮辛後復回京還任衛尉。辛毗此言當在其在西南還京，復任衛尉一職時所言。

宮的行為不滿，其次，他對於曹叡後宮皇子連續夭折、皇位繼承權人選的不確定，也感到憂心忡忡。在高柔上書勸諫的內文中，提到：

> 二虜狡猾，潛自講肆，謀動干戈，未圖束手；宜畜養將士，繕治甲兵，以逸待勞。而頃興造殿舍，上下勞擾；若使吳、蜀知人虛實，通謀並勢，復俱送死，甚不易也。……況今所損者非惟百金之費也，所憂者非徒北狄之患乎？可粗成見所營立，以充朝宴之儀。乞罷作者，使得就農。二方平定，復可徐興。……陛下聰達，窮理盡性，而頃皇子連多夭逝，熊羆之祥又未感應。群下之心，莫不悒戚。《周禮》，天子后妃以下百二十人，嬪嬙之儀，既以盛矣。竊聞後庭之數，或復過之，聖嗣不昌，殆能由此。〔註34〕

高柔認為曹魏邊境有來自蜀漢、東吳的軍事威脅，本當傾全國之力來抵禦外侮，然而曹叡卻把本身的人力、物力耗費在對國事無益的亭台樓閣上。其次，缺乏皇位繼承人，對於日後曹魏政權的交替則有潛在的政治危機。高柔認為曹叡皇子連夭的原因，在於後宮人數過多。曹叡本身耽於內寵，雖有數位皇子誕生，然而縱慾過度的結果，除了耗費曹叡過多的精神與體力，也使得諸位皇子的體質不佳，反而容易早殤。因此高柔希望曹叡能夠節制後宮的人數，使其合於古制，至於其他多餘的姬妾則遣送回家，目的在於使曹叡得以「育精養神，專靜為寶」，〔註35〕減少縱慾以避免皇子連夭。同樣的說法在之後的景初時代，護軍將軍蔣濟上疏的內文中亦可以看到。蔣濟從曹叡專注於個人享樂的狀況，已經看到其縱慾聲色的不好影響，即「歡娛之耽，害于精爽；神太用則竭，形太勞則弊。」〔註36〕此舉除了勞累百姓外，還導致皇子連夭的悲劇，並嚴重損傷了曹叡的個人健康。因此他希望曹叡能「大簡賢妙，足以充『百斯男』者。其冗散未齒，且悉分出，務在清靜。」〔註37〕從後宮中挑選、保留年齡適於生育，且可能多產的嬪妃，其餘則一律遣送還家。〔註38〕

〔註34〕《魏志》卷24〈高柔傳〉，頁686。
〔註35〕《魏志》卷24〈高柔傳〉，頁686。
〔註36〕《魏志》卷14〈蔣濟傳〉，頁454。
〔註37〕《魏志》卷14〈蔣濟傳〉，頁454。
〔註38〕《晉書》卷31〈惠賈皇后傳〉，頁963。史書中記載西晉武帝司馬炎在為太子司馬衷娶太子妃時，在比較衛瓘、賈充兩家的女子時，即言：「衛公女有五可，賈公女有五不可。衛家種賢而多子，美而長白；賈家種妒而少子，醜而短黑。」姑且不論此次皇家聯姻的背後政治因素為何，但藉著司馬炎這一段話，可以看出皇室在選擇后妃上，除了注意到外在面相是否合宜，也留心於其家族子

少府楊阜為了遣送未見幸於皇帝的宮人還家，直接詢問御府吏守後宮的人數，使曹叡心生敬憚。〔註39〕

群臣們除了規諫曹叡縱慾過度，導致子嗣不昌外，也對曹叡大肆增添舊有宮室的佈置華麗表現不滿。景初元年（237）曹叡從長安搬運鐘虡、駱駝、銅人、承露盤至洛陽。後因銅人過重搬運不易，留置於霸城，復重新鑄作兩銅人，並另外鑄造黃龍、鳳凰二銅像於宮廷。此外，曹叡除了役使朝中公卿百僚參與整個芳林園的土木工程外，並親自率隊掘土。〔註40〕司徒軍議掾董尋即對曹叡此舉相當不以為然，認為明顯違背孔子所言「君使臣以禮」的原則。其諫文曰：

> 建安以來，野戰死亡，或門殫戶盡，雖有存者，遺孤老弱。若今宮室狹小，當廣大之，猶宜隨時，不妨農務，況乃作無益之物，黃龍、鳳凰、九龍、承露盤、土山、淵池，此皆聖明所不興也，其功參倍于殿舍。三公九卿侍中尚書，天下至德，皆知非道而不敢言者，以陛下春秋方剛，心畏雷霆。今陛下既尊群臣，顯以冠冕，被以文繡，載以華輿，所以異于小人；而使穿方舉土，面目垢黑，沾體塗足，衣冠了鳥，毀國之光以崇無益，甚非謂也。孔子曰：「君使臣以禮，臣事君以忠。」無忠無禮，國何以立！故有君不君，臣不臣，上下不通，心懷鬱結，使陰陽不和，災害屢降，兇惡之徒，因間而起，

嗣的多寡。根據《晉書》，衛瓘育有六子，本身尚有數位兄弟；賈充雖先後育有二子然皆早辛，而其他皆為女兒，故而賈充無後。對照曹魏、西晉的看法，可以看出古代君臣在選擇后妃時，普遍會注意到其家族的生育狀況及品德性情。

〔註39〕 《魏志》卷25〈楊阜傳〉，頁706，「阜又上疏欲省宮人諸不見幸者，乃召御府吏問後宮人數。吏守舊令，對曰：『禁密，不得宣露。』阜怒，杖吏一百，數之曰：『國家不與九卿為密，反與小吏為密乎？』帝聞而愈敬憚阜。」

〔註40〕 《魏志》卷25〈高堂隆傳〉，頁712。在傳文中，史臣仔細描述出當時的狀況，可以看出曹叡對於營建宮室、追求外在裝飾已經到了非常堅持的地步，甚至親自參與營造過程。文曰：「帝愈增崇宮殿，彫飾觀閣，鑿太行之石英，采穀城之文石，起景陽山於芳林之園，建昭陽殿於太極之北，鑄作黃龍鳳皇奇偉之獸，飾金墉、凌雲臺、凌霄臺。百役繁興，作者萬數，公卿以下至於學生，莫不展力，帝乃躬自掘土以率之。而遼東不朝。悼皇后崩。天作淫雨，冀州水出，漂沒民物。」曹叡個人汲汲營求的重點，並不是國家大事；其所號召、動員的百官、生民，卻在建造對國事無益的宮殿、園池亭閣。由此可見曹叡不惜傾全國之力、不顧皇帝的威望，也要完成他所規劃、建造的工程。

誰當爲陛下盡言事者乎?又誰當干萬乘以死爲戲乎?〔註41〕

這段諫文相當生動,把百官群僚不得不親自擔負土石以建造山林,卻無人敢直言勸諫的無奈表達出來。董尋也直言指出黃龍、鳳凰、九龍、承露盤、土山、淵池等物,所耗費的人力物力更倍於宮殿的營造,尤其是役使負責國家政務的官僚參與建造,更是毀損國家政治運作的根基。值得注意的一段話,是董尋沈痛地指出曹叡雖然在表面上尊崇群臣,並給予物質上的禮遇以別於庶人,然而在實際行事上,卻有「使穿方舉土,面目垢黑,沾體塗足,衣冠了鳥」的情況。因此名義上雖爲曹魏百官臣僚,實際上卻無異於其他的宮中僕隸。這裡透露出兩個訊息,即曹叡時期百官臣僚的地位日益低下,實際政權全掌握在曹叡的手中;其次,則是君臣關係的轉變,由曹叡的不禮而導致君臣關係趨於緊張。因此對於臣屬而言,既然「君不君」則「臣不臣」,皇帝既役使臣僚不以臣禮,則臣屬侍奉皇帝就沒有忠心的義務了。君臣關係其實是相互影響的,皇帝對於臣僚的態度,事實上也左右了臣僚侍奉皇帝的態度。

衛臻在勸諫曹叡過於耗費在宮室營造、及役使百官參與建造時,留下其與曹叡之間的對話,凸顯出朝臣真正關懷的焦點:

> 是時,帝方隆意於殿舍,臻數切諫。及殿中監擅收蘭臺令史,臻奏案之。詔曰:「殿舍未成,吾所留心,卿推之何?」臻上疏曰:「古制侵官之法,非惡其勤事,誠以所益者小,所墮者大也。臣每察校事,類皆如此,懼群司將遂越職,以致於陵遲矣。」〔註42〕

一語道出朝臣所關心的重點,在於朝中群臣地位日益低下時,群司下屬侵職一事對於正常官僚制度的傷害。其次,從衛臻一言,可以看到創建於曹操時代的校事一職,在歷經曹丕、曹叡統治時代後,仍然存在而未被廢除。校事一職顯示出曹魏皇室對於朝中百官的監視,其實是繼續奉行不輟,無疑在曹魏君臣間的信任感中埋下陰影。其他朝臣對此也深感憂心,如高堂隆即認爲「使公卿大夫並與廝徒共供事役,聞之四夷,非嘉聲也,垂之竹帛,非令名也。」〔註43〕所以在其疾篤之時,仍然不忘上疏規諫曹叡「宜防鷹揚之臣於簫牆之內」,〔註44〕並勸諫曹叡改變前代防範宗室的政策,轉而選任可信任的

〔註41〕《魏志》卷3〈明帝紀〉,頁111,裴注所引《魏略》。
〔註42〕《魏志》卷22〈衛臻傳〉,頁648。
〔註43〕《魏志》卷25〈高堂隆傳〉,頁713。
〔註44〕《魏志》卷25〈高堂隆傳〉,頁716。

諸侯王，以典掌各地軍事，目的在於鎮撫皇畿、輔佐皇室。元朝胡三省在注解《通鑑》這段記載時，認為「司馬氏之事，隆故逆知矣。」〔註45〕胡氏的說法其實值得商榷，高堂隆是否已經事先知悉司馬氏的企圖，從史書中無法得知，因為這時的司馬懿正領軍征討遼東公孫淵的反叛，且司馬懿子弟大量進入曹魏政權，多在齊王曹芳即位、司馬懿輔政之後。長年的軍旅生涯中，司馬懿的活動範圍大多遠離曹魏權力中心：京城，而長子司馬師又因浮華案牽連而未擔任中央官職。所以胡氏之說，應是依據後來魏晉政權更替的歷史發展而立論，乃後見之明。至於高堂隆的本意，參酌於董尋所言之「孔子曰：『君使臣以禮，臣事君以忠。』無忠無禮，國何以立！」的論點，卻不謀而合地顯示出一種危機意識。此危機感的根源，即在於董尋所提出的「君不君，臣不臣」之後果，所以高堂隆勸諫曹叡防範的「鷹揚之臣」，乃預感到曹魏將有重臣掌政的情況發生。「鷹揚之臣」乃高堂隆在見到曹叡這種對朝臣不尊重、不信任的態度，又重視享樂、忽視國家生民的福利時，所擔憂及預測朝政走向的結果，認為可能會導致日後臣僚的不臣。曹叡除了由自己一人掌控所有朝政大權外，並重用左右的中書監、中書令等親近官員，嚴重干預到國家官僚體制的運作，因此高堂隆認為曹叡此舉將可能導致日後曹魏大權旁落於異姓大臣的結果。

然而在前文中，所論述之臣僚均一致抨擊曹叡只顧追求個人享樂、外在裝飾，全然不顧百姓的生活疾苦、及外在敵人的威脅。然而曹叡在面對眾多臣僚的責難、苦諫時，曹叡的因應態度其實也值得我們行文探討一番。

第三節　曹叡因應臣僚進諫時的心態

曹叡在面對臣僚下屬一再的諫言時，因應態度倒是相當地一致，一律聽而不用，仍然堅持他所要求的標準。即使各地異象不斷，並伴隨著天災的一再出現，且朝中反對聲浪不絕於耳，仍然沒能阻絕曹叡追求個人的享受。

太和元年（227）曹叡在鄴城開始營建文昭甄皇后陵寢一事，可以視為日後曹叡大興土木行為的濫觴。在外有二敵，及王朗的極力勸諫下，曹叡不得不接受王朗的諫言，稍微減少陵寢的規模。就在同一年，曹叡仍然下詔在洛陽興建宗廟，並接著於太和六年（232）興建武昌宮等宮殿。然而，曹叡真正

〔註45〕胡注見《資治通鑑》卷73〈魏紀五‧明帝景初元年〉，頁2326。

大規模營建土木，主要集中在青龍年間，而且所興建的不只限於宮殿、宗廟等居住場所，還兼及園林台閣的雕飾。曹叡除了役使百官、吏民直接參與營建工程，還積極充實後宮的嬪妃人數，加重天下生民的不安與負擔，引起群臣的擔憂，紛紛上書勸諫曹叡。在《魏志‧明帝紀》中即提到「是時，大治洛陽宮，起昭陽、太極殿，築總章觀。百姓失農時，直臣楊阜、高堂隆等各數切諫，雖不能聽，常優容之。」〔註46〕然而曹叡雖優容處之，卻依然不聽臣僚的諫言。《魏志》將此事繫於青龍三年（235）三月之時，又《通鑑》將陳群與曹叡爭論營建宮室一事繫於同一年四月條。《通鑑》將高柔、楊阜、辛毗、蔣濟、王基、孫禮、衛臻、高堂隆的諫言並列於此條，可以看出當時群臣對於曹叡大興土木的反應，其實是相當地一致。同樣地，曹叡也是採取一樣的態度面對臣僚的不滿。如曹叡看到太子舍人張茂上書的諫言時，僅言到：「張茂恃鄉里故也。」，〔註47〕然後把此事交付給散騎而已，並未怪罪張茂的直言不諱。前引《魏略》董尋上書一事，曹叡雖然感嘆董尋有不畏死的精神，並不追究其上書內容的失言，卻也沒有接受他的諫言。〔註48〕曹叡雖然對於直臣楊阜敬憚有加，但楊阜勸諫曹叡送喪皇女曹淑一事，〔註49〕也沒有為曹叡所接受。當楊阜一再上書勸戒曹叡營建宮室的不當時，曹叡雖「感其忠言，手筆詔答。」〔註50〕親自面對楊阜的責難並解釋自己的想法，然而依舊堅持宮室的興建。因此史書提到曹叡與楊阜之間的關係，甚至演變成「數諫爭，不聽，乃屢乞遜位，未許」〔註51〕的互不讓步局面。楊阜在面對諫爭不為曹叡所接受的情況下，認為自己對整個曹魏朝政走向已經沒有實質的助益了，因此萌生退意，並一再要求致仕。然而曹叡雖不接受他的諫言，卻也不許楊阜致仕的要求，造成楊阜進退兩難的局面。這場君臣對峙的戲碼，最後因楊阜去世而暫時落幕，然而卻或多或少影響了其他朝臣的態度。

　　在史書中所記載王基、司馬懿勸戒疏文中，我們完全看不到曹叡如何回

〔註46〕《魏志》卷3〈明帝紀〉，頁104。
〔註47〕《魏志》裴松之注引《魏略》，詳細收錄張茂上書的動機、始末及疏文內容，文末提到「茂字彥林，沛人」，頁106。曹氏先祖本身即出於譙沛，故曹叡稱其敢直言不諱，即憑恃同鄉里之故。
〔註48〕《魏志》卷3〈明帝紀〉，頁111，「既通，帝曰：『董尋不畏死邪！』主者奏收尋，有詔勿問。」
〔註49〕《魏志》卷25〈楊阜傳〉，頁707。
〔註50〕《魏志》卷25〈楊阜傳〉，頁708。
〔註51〕《魏志》卷25〈楊阜傳〉，頁708。

應這些意見。在前一節所論及陳群與曹叡間的對話，是少數較完整地保存的曹叡意見之史料。然而從陳群所指出的狀況，可以看出曹叡在堅持自己的想法時，確實有自己的一套說法，以應付當時臣僚的意見。在《魏志・高堂隆傳》中，倒是留下一個很特殊的情境。當高堂隆針對曹叡在青龍年間過於營治宮舍，並西至長安取大鐘等事提出諫言時，曹叡並沒有正面回應高堂隆的疏文，反而是命令卞蘭詰問高堂隆。史稱其：

> 是日，帝幸上方，（高堂）隆與卞蘭從。帝以隆表授蘭，使難隆曰：「興衰在政，樂何爲也？化之不明，豈鐘之罪？」隆曰：「夫禮樂者，爲治之大本也。……君舉必書，古之道也，作而不法，何以示後？盛王樂聞其闕，故有箴規之道；忠臣願竭其節，故有匡救之義也。」帝稱善。〔註52〕

卞蘭是乃曹丕母卞太后弟卞秉之子，就輩分而言，與曹丕同輩，可以算是曹叡的母舅。卞蘭的事蹟主要附於《魏志・武宣卞皇后傳》的傳文之後，史書上稱其「少有才學」，因此和曹丕的關係甚爲親近。〔註53〕到了曹叡即位之後，卞蘭因親近之故，依然常常侍從在曹叡左右。曹叡借用卞蘭之口以詰問高堂隆，表達出曹叡對於臣僚反對遷移大鐘一事的不滿，卞蘭無疑成爲曹叡想法的代言人。然而根據《魏略》所言的卞蘭事蹟，卻提到卞蘭見到曹叡在外有二敵的情況下，卻留意宮室的營造，因此常常利用侍於左右的機會規諫曹叡之失，史稱其「帝雖不能從，猶納其誠款。」〔註54〕因此，曹叡把高堂隆的表文授與卞蘭，一方面有藉助卞蘭的才學以堵絕反對者的論調；但在另一方面，由於卞蘭素以直言著稱，因此往往直言指出曹叡之失，故曹叡也有藉機警告卞蘭規諫不當的意味。〔註55〕然而無論曹叡對於臣僚的諫言是否存有不悅，終究沒有直接向臣

〔註52〕《魏志》卷25〈楊阜傳〉，頁709。

〔註53〕頁158。裴注引《魏略》曰：「（卞）蘭獻賦贊述太子德美，太子報曰：『……蘭此賦，豈吾實哉？昔吾丘壽王一陳寶鼎，何武等徒以歌頌，猶受金帛之賜，蘭事雖不諒，義足嘉也。今賜牛一頭。』由是遂見親敬。」根據本傳，卞蘭所稱述的太子，應指曹丕而言。卞蘭獻賦的時間已經不可考，但以曹丕對於散騎常侍一職的重視，及其在黃初中加封散騎常侍一事來看，可以看出曹丕相當器重卞蘭。卞蘭本身的才學是一個因素，但其獻賦稱述曹丕一事，恐怕是曹丕與其親敬的眞正關鍵。曹丕即位之後，大力酬庸對其有助益的臣屬，卞蘭此賦當獻於其爭立嗣位前後，故曹丕賜牛以嘉之。

〔註54〕《魏志》卷5〈武宣卞皇后傳〉附卞蘭傳，頁159。

〔註55〕《魏志》注引《魏略》留下卞蘭亡故的經過，其事附於其勸諫曹叡不聽之後，全文爲：「後蘭苦酒消渴，時帝信巫女用水方，使人持水賜蘭，蘭不肯飲。詔

屬們表達出自己的想法,甚至有敷衍臣屬的狀況。〔註56〕

在青龍年間時,曹叡和陳群之間爲了營建宮室一事的爭論內容,雖然很明顯地表達陳群對於曹叡追求個人享受、不顧國家百姓安危的行爲不滿。陳群並大膽指出曹叡在前後行事上的矛盾,點明曹叡種種行爲不過是按照自己的欲望來決定。然而在揭穿曹叡的藉口時,卻也讓後人得以窺見曹叡敷衍臣下的藉口,依然是藉助其他的理由,來強化自己行爲的正當性。如藉著卞蘭之口以沮臣僚反對之口;借用西漢初年蕭何故事,替自己的欲望合理化。對於臣屬的態度,則是採取一方面是優崇有加,肯定臣僚的規諫用心,並且不針對其在規諫上的不當言辭加以處罰或做貶職的處分;但在另一方面,其被動的回應態度,卻也讓臣僚明白自己的諫言對於皇帝而言,根本就沒有實質作用。而曹叡時期的朝政即在這種皇帝被動以對,與臣僚無力主動間的矛盾下進行,嚴重影響日後君臣關係的發展,也在朝廷君臣間瀰漫著不良的氣氛。

問其意?蘭言治病自當以方藥,何信於此?帝爲變色,而蘭終不服。後渴稍甚,以至於亡。故時人見蘭好直言,謂帝面折之而蘭自殺,其實不然。」,頁159。這段記載的真實性應該頗高,因爲根據曹睿本紀來看,曹叡在晚年確實信奉壽春農婦所言之巫女符水等物。其次,在這裡提到曹叡對於卞蘭回應的答案相當不滿,甚至已到勃然變色的地步,然而從卞蘭終不服的情況看來,曹叡並沒有強加之符水或懲罰他。在正文的討論中,我們曾經提到曹叡很少直接回應臣屬的批評或諫言,仍然優厚有加,故孫盛言其「君人之量如此之偉也。」因此《魏略》會反駁時人言卞蘭自殺的說法,不是沒有根據的,在一定的程度上呼應了曹叡不願正面回應臣僚的心態。

〔註56〕《魏志》卷24〈高柔傳〉,頁686。當高柔規諫曹叡大興宮室、內寵過多造成皇子連夭之時,曹叡的反應竟是以「知卿忠允,乃心王室,輒克昌言;他復以聞。」一言以回應之。一方面肯定臣下的忠心爲國,另一方面也呈現出虛心接受的態度,然而實際上仍然我行我素。對於臣僚而言,曹叡的態度,容易使其陷入是否該繼續提出諫言的矛盾情緒中。楊阜的退休要求,多少呈現出臣僚對於皇帝的無言抗議。曹叡對於憂心國事的臣屬,卻也給人敷衍、應付臣下的意味。

第五章　曹叡時期君臣關係的發展與演變

　　在前面的章節中，提到史書對於曹叡時期軍政大勢的描述，並分析在外有孫吳、蜀漢的威脅，內有父祖時期的重臣在朝的情況下，曹叡如何把政治權力完全收歸到自己身上。由於這問題牽涉到微妙的君臣關係變化，所以很多隱諱不明的記載也在史書中或隱或現地保留下來，把瀰漫在曹叡時期朝廷成員心中的真正想法，片斷地呈現出來。曹叡和當時臣僚之間的關係，成為後人討論曹魏時期的政治、歷史發展時，所必須加以注意的關鍵。

　　曹叡對待群臣的方式，牽涉到他如何看待舊有臣屬；同樣地，群臣對曹叡的態度，也反應出朝臣心中對曹叡，甚至是對皇帝身分上的認知。曹叡時期的君臣關係，事實上可以一窺魏晉君臣關係發展下的許多問題與面向。君臣關係的發展，很多情境和心理是很微妙不明的，史料記載上的限制，導致很多關鍵性的發展，不是身處於千年後的我們所能測知的。如何在有限的記載中，挖掘出接近現實的狀況，就需要更仔細的分析與推論了。一方面，《魏志》保留當時曹叡與臣僚間的對話，也留下了些許的蛛絲馬跡，可以作為分析的佐證之一；其次，則是來自當時對敵政權的資料，如蜀漢和孫吳都曾經對曹魏政權加以批評。孫權雖沒有親眼見到曹魏政權的滅亡，卻直指出在曹魏政權中，存有君臣關係不穩定的因素。其文曰：

> 近得伯言表，以為曹丕已死，毒亂之民，當望旌瓦解，而更靜然。聞皆選用忠良，寬刑罰，布恩惠，薄賦省役，以悅民心，其患更深於操時。孤以為不然。操之所行，其惟殺伐小為過差，及離開人骨肉，以為酷耳。至於御將，自古少有。丕之於操，萬不及也。今叡之不如丕，猶丕不如操也。其所以務崇小惠，必以其父新死，自度

衰微，恐困苦之民一朝崩沮，故彊屈曲以求民心，欲以自安住耳，寧是興隆之漸邪！聞任陳長文、曹子丹輩，或文人諸生，或宗室戚臣，寧能御雄才虎將以制天下乎？夫威柄不專，則其事乖錯，如昔張耳、陳餘，非不敦睦，至於秉勢，自還相賊，乃事理使然也。又長文之徒，昔所以能守善者，以操笮其頭，畏操威嚴，故竭心盡意，不敢爲非耳。逮丕繼業，年已長大，承操之後，以恩情加之，用能感義。今叡幼弱，隨人東西，此曹等輩，必當因此弄巧行態，阿黨比周，各助所附。如此之日，姦讒並起，更相陷懟，轉成嫌貳。一爾已往，群下爭利，主幼不御，其爲敗也焉得久乎？所以知其然者，自古至今，安有四五人把持刑柄，而不離刺轉相蹄齧者也！彊當陵弱，弱當求援，此亂亡之道也。〔註1〕

曹魏政權敗亡的原因，是否真如孫權所言，乃曹魏政權由「四五人把持刑柄」的結果，還有待討論。其次，由於文中提及曹叡幼弱一詞，因此裴松之曾懷疑其是否出自孫權之口。無論孫權立論的基礎爲何，孫權的說法仍可以一窺當時士人的看法。如裴松之即認爲當時的史書會保留這段評論，乃因

而史載之者，將以主幼國疑，威柄不一，亂亡之形，有如（孫）權言，宜其存錄以爲鑒戒。或當以雖失之於明帝，而事著於齊王，齊王之世，可不驗乎！〔註2〕

因此，曹叡時期君臣關係的發展，及其曹魏政權的發展，是值得我們加以參考與思索的方向。

第一節　曹魏群僚侍君心態之分析

在曹叡時期君臣關係的發展中，隱含了不少的衝突和問題存在。曹叡的專權與猜忌，是導致君臣關係緊張的主要因素，朝中臣僚對待皇帝的態度，卻也同樣促使這種不信任關係的發展，身居三朝重臣的劉曄即是一個相當鮮明的例子。前文提到，曹叡繼位後第一位接見的大臣，即是劉曄。〔註3〕在曹叡即位之初，曾經企圖以崇孝表行的名義，追尊曹姓的先祖。曹叡下詔由百

〔註1〕《吳志》卷7〈諸葛瑾傳〉，頁1234。
〔註2〕《吳志》卷7〈諸葛瑾傳〉，頁1235。
〔註3〕請參酌本書第三章第三節，頁62。

官商議謚號時，當時的侍中劉曄即對此提出異議。劉曄認爲曹叡此舉相當不妥，其論點爲：

> 聖帝孝孫之欲褒崇先祖，誠無量已。然親疏之數，遠近之降，蓋有禮記，所以割斷私情，克成公法，爲萬世式也。周王所以上祖后稷者，以其佐唐有功，名在祀典故也。至於漢氏之初，追謚之義，不過其父。上比周室，則大魏發跡自高皇始；下論漢氏，則追謚之禮不及其祖。此誠往代之成法，當今之明義也。陛下孝思中發，誠無已已，然君舉必書，所以愼於禮制也。〔註4〕

劉曄大膽提出反對的論點，企圖使曹叡的行爲能夠合於禮制的要求，曹叡不得不接納劉曄的意見而停止。從上文來看，曹叡和劉曄的關係很親近，是曹叡相當重視的朝臣。然而從劉曄本傳的傳文及評論中，我們卻可以一窺劉曄在魏朝，特別是曹叡時代的行事與心態。史書曰：

> 曄在朝，略不交接時人。或問其故，曄答曰：「魏室即阼尚新，智者知命，俗或未咸。僕在漢爲支葉，於魏備腹心，寡偶少徒，於宜未失也。」〔註5〕

劉曄抱持不交接人事、處事謹愼的態度，和曹叡即位前的行事頗爲類似。劉曄本身又具備多智博識的才幹，能適時地對皇帝提出建言與規勸得失，因此劉曄深受曹叡及其他群臣的信賴。然而，在眾人的信賴中，劉曄是如何看待自己和曹叡、其他臣僚的關係，卻值得分析。裴松之注引《傅子》的記載，保留了當時曹叡、劉曄與中領軍楊暨三人對於伐蜀一事的爭論。在其內文中，眞實地呈現出三人之間的關係，特別是其中交談的細節，微妙地揭示了劉曄的眞正心態：

> 曄事明皇帝，又大見親重。帝將伐蜀，朝臣內外皆曰「不可」。曄入與帝議，因曰「可伐」；出與朝臣言，因曰「不可伐」。曄有膽智，言之皆有形。中領軍楊暨，帝之親臣，又重曄，持不可伐蜀之議最堅，每從內出，輒過曄，曄講不可之意。後暨從駕行天淵池，帝論伐蜀事，暨切諫。帝曰：「卿書生，焉知兵事！」暨謙謝曰：「臣出自儒生之末，陛下過聽，拔臣群萃之中，立之六軍之上，臣有微心，不敢不盡言。臣言誠不足采，侍中劉曄先帝謀臣，常曰蜀不可伐。」

〔註4〕《魏志·劉曄傳》，頁448。
〔註5〕《魏志·劉曄傳》，頁448。

帝曰：「曄與吾言蜀可伐。」暨曰：「曄可召質也。」詔召曄至，帝
問曄，終不言。後獨見，曄責帝曰：「伐國，大謀也，臣得與聞大謀，
常恐眯夢漏泄以益臣罪，焉敢向人言之？夫兵，詭道也，軍事未發，
不厭其密也。陛下顯然露之，臣恐敵國已聞之矣。」於是帝謝之。
曄出見，責暨曰：「夫釣者中大魚，則縱而隨之，須可制而後牽，則
無不得也。人主之威，豈徒大魚而已！子誠直臣，然計不足采，不
可不精思也。」暨亦謝之。曄能應變持兩端如此。或惡曄于帝曰：「曄
不盡忠，善伺上意所趨而合之。陛下試與曄言，皆反意而問之，若
皆與所問者反，是曄常與聖意合也。復每問皆同者，曄之情必無所
逃矣。」帝如言以驗之，果得其情，從此疏焉。曄遂發狂，出爲大
鴻臚，以憂死。〔註6〕

劉曄答覆楊暨的一段話，相當的精彩，藉著釣中大魚的例子，來比喻如何牽制
君王，使君王聽從自己的意見，這段話可以視爲劉曄應付皇帝的基本心態。劉
曄的言行表現出反覆的個性，眞正目的則在於對皇帝「縱而隨之，須可制而後
牽，則無不得也」，掌握皇帝的一舉一行，因此才得到其他朝臣「善伺上意所趨
而合之」的評論。劉曄爲了博取皇帝與其他同僚的敬重，不惜採取雙面迎合的
態度，以應付不同的需要。劉曄最招人非議的地方，不僅在於迎合皇帝的意見，
還特別教授其他臣僚如何以巧詐的方式達到自己的目的。因此《傅子》一書在
論及劉曄巧詐事發時，在文末評論劉曄的心態與行事時，即認爲：

諺曰：「巧詐不如拙誠」，信矣。以曄之明智權計，若居之以德義，
行之以忠信，古之上賢，何以加諸？獨任才智，不與世士相經緯，
內不推心事上，外困於俗，卒不能自安於天下，豈不惜哉！〔註7〕

惋惜劉曄空有突出的才智，卻不將其施行於德義、忠信的事上，反而選擇用
「不與世士相經緯，內不推心事上，外困於俗」的反覆態度來面臨世局的演
變，終於導致因不安而發狂的下場。

又，裴松之在陳矯本傳傳末引用《世語》文中，提到劉曄和另一位重臣
陳矯的關係，也留下劉曄「巧詐」的一面。其文曰：

劉曄以先進見幸，因譖矯專權。矯懼，以問長子（陳）本，本不知
所出。次子（陳）騫曰：「主上聖明，大人大臣，今若不合，不過不

〔註6〕《魏志・劉曄傳》，頁449。
〔註7〕《魏志・劉曄傳》，頁449。

作公耳。」後數日，帝見矯，矯又問二子，騫曰：「陛下意解，故見
大人。」既入，盡日，帝曰：「劉曄構君，朕有以迹君；朕心故已了。」
以五金鉼授之，矯辭。帝曰：「豈以爲小惠？君已知朕心，顧君妻子
未知故也。」〔註8〕

值得注意的是劉曄構陷陳矯的理由，即專權，正好呼應了《傅子》批評的「善
伺上意所趨而合之」。劉曄相當了解曹叡企圖掌握所有權力、不願分權的心
態，所以才會利用曹叡最忌諱的事來打擊對手。同樣地，陳矯也很清楚曹叡
的猜疑心態，故在面臨劉曄指控的罪名時，感到十分的恐懼與不安。〔註9〕陳
矯的憂懼反應，對照前文所提到曹叡至尚書門案行文書，陳矯直言指責曹叡
侵權的勇氣，判若兩人。〔註10〕從陳矯惶惶不安，及次子陳騫寬慰其父的理
由來看，暫且不論曹叡是否眞如陳騫所說的聖明，可以確定最後認定的選擇
權還是在曹叡本身。〔註11〕然而，陳騫對曹叡心態的拿捏與分析一事來看，
其實無異於劉曄的「善伺上意」。在前一章所引用的秦朗一事，可以看到很多

〔註8〕《魏志・陳矯傳》，頁644。

〔註9〕在《魏志・陳矯傳》後附有陳矯子陳本的傳文，文中提到陳本的仕宦經過。
　　　根據傳文，陳本相當有政治才幹，本身又具有法律上的長才，所以在曹魏時
　　　期歷任郡守、九卿等職，後來並擔任鎭北將軍、假節都督河北諸軍事的重任。
　　　傳文中提到陳本「所在操綱領，舉大體，能使群下自盡。有統御之才，不親
　　　小事，不讀法律而得廷尉之稱，優於司馬岐等，精練文理。」，頁645。文中
　　　提到的司馬岐乃司馬芝子，以善於治獄著稱，事見《魏志》卷12〈司馬芝傳〉，
　　　頁389。陳矯次子陳騫則爲日後西晉建國的佐命功臣之一。陳本在聽到父親爲
　　　人構陷時，一樣陷入惶恐不安的態度，與其在任內的從容態度相差頗大。特
　　　別是史稱其有統御之才，在行事上，可以明顯看出他秉持著「操綱領，舉大
　　　體」的原則，所以不親小事、不問細節，只注重大要。這樣的治事行事態度，
　　　再加上對皇權仍心有畏懼，恰好符合曹叡的要求，所以才會歷任要職，並主
　　　掌河北諸軍事。由此，也可以看出曹叡在選擇官員時，信任與否及其才幹對
　　　政權是否有危害等等，都是必須考量的重點。

〔註10〕《魏志》卷22〈陳矯傳〉頁644，「明帝即位，……車駕嘗卒至尚書門，矯跪
　　　問帝曰：『陛下欲何之？』帝曰：『欲案行文書耳。』矯曰：『此自臣職分，非
　　　陛下所宜臨也。若臣不稱其職，則請就黜退。陛下宜還。』帝慚，回車而反。」
　　　在這段記載中，可以看到陳矯耿直不畏權勢的一面。然而，從他指摘的曹叡
　　　的理由來看，其實可以看出陳矯也相當了解曹叡欲掌握所有政事、及對臣僚
　　　行政能力猜疑的心態。

〔註11〕當劉曄對曹叡進讒言時，從曹叡的態度來看，曹叡並沒有完全接受臣屬的論
　　　點，而是經過一段時間的考慮、觀察才做出結論。更重要的是當他確定陳矯
　　　沒有越權的嫌疑之後，選擇用坦然的行動和言語，直接讓陳矯明白自己的想
　　　法，還顧及到陳矯家屬的感受。

人因爲秦朗和曹叡的關係親近，所以不惜重金賄賂之，了解皇帝的動向以迎合上意，都是站在僥倖求利、爲己的心態。可以見得在曹叡時代，這種僥倖心態不只蔓延於朝廷重臣之中，甚至包含京師地區的官吏及官員家屬，變成一種普遍的共識。劉曄的迎合行爲，也爲其他的官員及日後新進官員作了相當錯誤的示範。一旦，心存僥倖成爲新舊朝臣的共識之後，對整個曹氏政權的忠誠度自然也會大打折扣。

　　另外，曹叡時期的大臣楊阜雖以直臣著稱於世，然而楊阜和曹叡的關係也是值得我們加以注意的問題。曹叡雖然對楊阜敬憚有加，但對於楊阜所勸諫的各種事項，仍然沒有稍作讓步的跡象。如楊阜阻止曹叡送葬皇女曹淑一事，就沒有爲曹叡所接受。楊阜在面對曹叡一意孤行的情況，竟然直言批評曹叡行爲上的不當，認爲曹叡此舉：「文皇帝、武宣皇后崩，陛下皆不送葬，所以重社稷、備不虞也。何至孩抱之赤子而可以送葬也哉？」直指曹叡爲私愛而不顧社稷安全，對先人也有不尊之罪。〔註12〕其次，爲了爭論興建宮室一事，曹叡與楊阜之間的關係，甚至演變成「數諫爭，不聽，乃屢乞遜位，未許」〔註13〕的互不讓步局面。在上書勸諫營建宮室的疏文中，楊阜提到自己勸諫的動機，即「使國亡而臣可以獨存，臣又不言也；君作元首，臣爲股肱，存亡一體，得失同之。」〔註14〕表明了勸諫曹叡的目的，實際上是爲了自己生命安全的考量，爲求一己之私，而非眞正爲了國家生民的安危著想。連後世史臣裴松之在注解此段史事時，亦感歎楊阜此言乃「發憤爲己，豈爲國哉？」，〔註15〕可以想見聽在當事人曹叡的耳裡，會作何感想。所以曹叡指責辛毗等臣屬的勸諫，有「直諫者立名之時」之嫌時，並不是沒有任何根據的惡意批評，而是這些朝臣帶給他的觀感所造成的結果。

　　楊阜「屢乞遜位」的政治事件，也呈現出曹魏君臣關係的惡化。在表面上，楊阜是在面對諫爭不爲曹叡所接受的情況下，認爲自己對整個曹魏朝政

〔註12〕《魏志》卷25〈楊阜傳〉，頁707。
〔註13〕《魏志》卷25〈楊阜傳〉，頁708。
〔註14〕《魏志》卷25〈楊阜傳〉，頁707。
〔註15〕《魏志》卷25〈楊阜傳〉，頁708。全文爲：「臣（裴）松之以爲忠至之道，以亡己爲理。是以匡救其惡，不爲身計。而阜表云『使國亡而臣可以獨存，臣又不言也』，此則發憤爲己，豈爲國哉？斯言也，豈不傷謹烈之義，爲一表之病乎！」相同的看法，也可以在清代王夫之《讀通鑑論》文中，分析曹魏直臣進諫的心態時，所持的批評論點上看到。下文將述及王氏的論點，此處暫且不論。

走向已經沒有實質的助益了，才萌生退意。然而楊阜要求致仕的本意，除了有向曹叡勸諫的用意外，其中卻包含了更多的賭氣意味，甚至還有使曹叡威嚴掃地的企圖。曹叡意識到楊阜的眞正用意，因此才會有既不接受他的諫言，卻又不許楊阜致仕的情況出現，故意使楊阜陷入進退兩難的窘況。楊阜去世，才使得這次君臣相峙的鬧劇暫時落幕了，但這種臣屬不顧皇帝面子、以下犯上的態度，對於曹叡及其他朝臣而言，卻留下相當不好的示範，更增加曹叡對於勸諫臣屬的反感。〔註16〕

第二節　曹叡託孤：對日後國事的安排與規劃

　　曹叡對於朝臣的疑慮，也顯現在他對於百年後國事的安排與規劃上，前述曹叡、陳矯對於司馬懿是否忠貞一事的討論，即可得知。曹叡選擇朝臣的標準，已經不再限於他當權時代的政治需求，而是對未來整個曹魏皇室的生存需要來作考量。在太和三年（229）七月時，曹叡即親自下詔提到日後嗣君即位的問題，公開表示他對於繼承嗣君一事的態度：

> 禮，王后無嗣，則建支子以繼大宗，則當纂正統而奉公義，何得復顧私親哉！漢宣繼昭帝後，加悼考以皇號；哀帝以外藩援立，而董宏等稱引亡秦，惑誤時朝，既尊恭皇，立廟京都，又寵藩妾，使比長信，敘昭穆於前殿，並四位於東宮，僭差無度，人神弗佑，而非罪師丹忠正之諫，用致丁、傅焚如之禍。自是之後，相踵而行。昔魯文逆祀，罪由夏父；宋國非度，譏在華元。其令公卿有司，深以前世行事爲戒。後嗣萬一有由諸侯入奉大統，則當明爲人後之義；敢爲佞邪導腴時君，枉建非正之號以干正統，謂考爲皇，稱妣爲后，則股肱大臣，誅之無赦。其書之金策，藏之宗廟，著於令典。〔註17〕

郭熹微在其〈論魏晉禪代〉一文中，提到此次的詔文是在曹叡連失皇子後，面臨到必須由宗室近支中挑選繼承者的情況下，不得已所下的詔書。他認爲

〔註16〕王夫之在《讀通鑑論》中，即把陳群和楊阜的行事相對照，雖然王夫之在此文中，主要以論述陳群在勸諫一事上的失職爲主，但是他並不贊成袁宏「贊群之忠、譏阜之播揚君惡」的論點，然而王夫之也承認楊阜在勸諫曹叡時，的確有「激而太過」的缺失。王夫之，《讀通鑑論》卷10〈三國〉，頁323～324。

〔註17〕《魏志・明帝紀》，頁96。

曹叡不僅擔心在生前皇位爲宗室近支所奪，還擔心死後的尊榮爲他人所分享。〔註 18〕曹叡是否眞的不願與他人共同分享死後的尊榮，後世的我們已經無從得知了，然而曹叡所眞正擔心的問題，應該是「共享死後的尊榮」一事上所影含的政治意義。由於曹魏可能會面臨由年幼嗣君即位的情況，在衡量曹魏政權的結構，以及臣僚的侍君態度之後，使曹叡產生危機意識，企圖預作防範以避免日後政治衝突的發生。曹叡雖然名義上以宗法來約束以後的嗣君、輔臣，嚴明禮節上的大、小宗之別，然而綜觀全文，卻也有恐嚇群僚的意味。雖然全文在告誡大臣不該建議小宗繼承的嗣君追尊所生父母，其「股肱大臣，誅之無赦」一句，猶如西漢高祖劉邦在誅殺異姓功臣後，明言只要非劉姓者爲王，天下之人皆可起而誅之的目的一般，給予其他大臣互相監督的法令依據，即使是輔政大臣均不得任意爲之。〔註 19〕

這種不安、猶豫的態度，在曹叡將崩之前托孤的一事上，達到極致。史稱因爲齊王曹芳年僅八歲，所以曹叡在確立輔政大臣的人選時，感到相當地猶疑不定。〔註 20〕從宗室的燕王曹宇到疏族的曹眞子曹爽、曹休子曹肇、親信秦朗，及朝中重臣司馬懿等等，考慮到的人選相當多。《魏志》卷 14〈劉放傳〉：

> 其年，帝寢疾，欲以燕王（曹）宇爲大將軍，及領軍將軍夏侯獻、武衛將軍曹爽、屯騎校尉曹肇、驍騎將軍秦朗共同輔政。宇性恭良，陳誠固辭。帝引見放、（孫）資，入臥內，問曰：「燕王正爾爲？」放、資對曰：「燕王實自知不堪大任故耳。」帝曰：「曹爽可代宇不？」放、資因贊成之。又深陳宜速召太尉司馬宣王，以綱維皇室。帝納

〔註 18〕 見前揭文，頁 43。

〔註 19〕 新校標點本·《史記》卷 9〈呂太后本紀〉，頁 400，「（呂）太后稱制，議欲立諸呂爲王，問右丞相王陵。王陵曰：『高帝刑白馬盟曰："非劉氏而王，天下共擊之"。今王呂氏，非約也。』太后不悅。問左丞相陳平、絳侯周勃。」即使是掌握西漢朝政大權的呂后，在面對臣僚以劉邦誓言爲反對的理由時，也只能不悅而不能任意加封家人。可以看出劉邦與臣僚誓言的重要性，具有在名義上防範後人不軌的作用。

〔註 20〕 郭熹微認爲曹叡在臨終前立郭皇后，即是考量到當時的政治衝突，而內無所依的結果。郭后是曹氏諸后中唯一出於大族的人，而且郭太后在正始末年逐漸參政，於是與曹爽集團開始發生矛盾。由於郭太后在政治上的影響力，導致正始八年丁謐勸曹爽使郭太后出居別宮，以遠離曹魏權力中心。司馬氏則一直和郭后族人保持聯姻關係，是以郭太后成爲司馬氏日後誅曹爽兄弟、廢齊王曹芳的一步棋子。

其言，即以黃紙授放作詔。放、資既出，帝意復變，詔止宣王勿使
來。尋更見放、資曰：「我自召太尉，而曹肇等反使吾止之，幾敗吾
事！」命更爲詔，帝獨召爽與放、資俱受詔命，遂免宇、獻、肇、
朗官。〔註21〕

關於曹叡確立輔政大臣的經過，各家史書的說法不一。除了陳壽《三國志·
魏志》的說法外，東晉時人習鑿齒的《漢晉春秋》、郭頒的《世語》以及孫資
後人所撰的《孫資別傳》均留下相關的記載。〔註22〕暫且不論這些史料中，
所提到關於曹叡撤換曹宇、夏侯獻、曹肇、秦朗等人並改由曹爽、司馬懿負
責擔當輔政大權的事實經過，何者較爲翔實，然而從曹叡臨終汰換輔政大臣
一事的發展，卻也突顯出曹魏政治中存在的各種矛盾與衝突，〔註23〕嚴重影
響日後曹魏政權的發展。曹魏政治中原本存有的各項矛盾，在劉放勸諫曹叡
改以司馬懿爲輔政大臣的說詞中，即已清楚地呈現出來。在史書中，保留劉
放直言的內容，文曰：

> 陛下忘先帝詔敕，藩王不得輔政。且陛下方病，而曹肇、秦朗等便
> 與才人侍疾者言戲。燕王擁兵南面，不聽臣等入，此即豎刁、趙高
> 也。今皇太子幼弱，未能統政，外有彊暴之寇，內有勞怨之民，陛
> 下不遠慮存亡，而近係恩舊。委祖宗之業，付二三凡士，寢疾數日，
> 外內壅隔，社稷危殆，而已不知，此臣等所以痛心也。〔註24〕

劉放提出幾個問題狀況，一爲宗王不得輔政；其次，曹肇、秦朗等人才德不
足以輔政。更重要的是，劉放指出當時政治情勢的發展，即燕王曹宇擁有重
兵，把曹叡和其他朝臣隔絕開來。齊王曹芳幼弱，而曹叡又因「寢疾數日，
外內壅隔」，對政權無法完全掌握的時候，劉放一語點明了曹叡心中所擔憂的

〔註21〕頁 459。

〔註22〕關於曹叡託孤的過程，《通鑑》在記載此件事時，選擇採用習鑿齒的記載，並
在考異中對每個說法加以分析。考異即對陳壽在劉放傳中的說法質疑，曰：「按
陳壽當晉世作《魏志》，若言放、資本情，則於時非美，故遷就而爲之諱也。
今依習鑿齒《漢晉春秋》、郭頒《世語》，似得其實。」《資治通鑑》卷 74〈魏
紀六·明帝景初二年〉，頁 2344。

〔註23〕郭熹微在其〈論魏晉禪代〉一文中提到，曹叡臨崩前的猶豫，正反應出平日
的矛盾未解決，而曹魏政治中的各項矛盾都集中在曹叡託孤這個問題上暴露
出來。郭氏認爲這些矛盾主要包括了君主與大臣的矛盾、君主與宗室的矛盾、
宗室與大臣的矛盾等等，這些矛盾使得至高無上的君主感到無可依傍的空
虛。頁 37。

〔註24〕《魏志》卷 3〈明帝紀〉，頁 113，裴注引自《漢晉春秋》，

問題。對於一向親自掌握所有大權的曹叡而言，意識到自己被曹宇、曹肇等人隔絕在朝臣與政治權力外，無異於在政治上被人軟禁，那種憤怒的反應是可以預料的，而這正是劉放、孫資所希望看到的反應。郭熹微在〈論魏晉禪代〉一文中，即提到由於曹叡意識到皇權周圍的空虛，再加上本身對司馬懿仍心有疑慮，故只能轉而重用曹宇、曹肇、秦朗等才識不足的宗室親舊。但在對宗室近支的顧慮下，曹叡又放棄原有的政治安排，罷免親族的曹宇，改以宗室疏屬的曹爽擔任輔政大臣，牽制司馬懿的權力發展。然而，使疏族曹爽輔政的結果，卻演變成「明帝時期君王與宗室近支的矛盾，在正始時期轉化成執政的宗室疏屬與宗室近支的矛盾。」〔註25〕曹爽為了避免自己的執政地位，受到曹魏宗室諸王的威脅，於是選擇延續曹丕、曹叡防範宗室的政策。在曹爽執政時期，宗室曹冏的上書即已明言執政疏族與宗室近支之間存在的矛盾，故一再勸戒曹爽起用宗室子弟，以掌握中央、地方的軍政重任，使內有深根不拔之固、外有磐石宗盟之助。〔註26〕曹爽並沒有接受曹冏的建議，曹爽執政後期爆發曹爽集團與曹叡郭皇后間的政治衝突，即是這個矛盾的結果。

仔細探究曹叡對於皇權周圍的空虛感，特別是當曹叡因對宗室近支的不安，而改以曹爽、司馬懿輔政時，可以發現曹叡的空虛感除了來自對曹魏宗室的疑慮之外，更重要的是來自對於當朝大臣的疑慮。對大臣的疑慮與不安，則呈現在曹叡如何處理曹魏臣僚的權力關係上。《世語》記載曹叡決定由太尉司馬懿接替輔政大權時，與孫資、劉放間的對話：「帝問放、資：『誰可與太尉對者？』放曰：『曹爽。』帝曰：『堪其事不？』」〔註27〕從曹叡使用「對」字來看，可以看出曹叡的真正用心，是希望能選用多位輔政大臣，以達到政治權力上互相制約的平衡關係，確保曹魏皇室的地位。〔註28〕故曹叡決定由曹爽、司馬懿並行輔政後，又另外選擇孫禮為大將軍長史，以輔佐曹爽能力上的不足，即是希望曹爽能夠具備與司馬懿制衡的力量。曹叡先後決定的輔

〔註25〕見郭氏前揭文，頁56。
〔註26〕曹冏上書全文見《魏志》卷20〈武文世王公傳〉，頁592～595，裴注引自《魏氏春秋》。
〔註27〕《魏志》卷14〈劉放傳〉，頁460。
〔註28〕郭熹微即認為曹丕以曹真、曹休、陳群、司馬懿四人輔政，和曹叡先後兩次的輔政名單，都有選用多人，使其產生互相制衡的力量，以確保曹魏皇室無虞。

政名單，可見其制衡輔臣權力的用心。當他意識到曹宇、曹肇、秦朗等人之間反而結合成同一陣線時，無疑違背了曹叡原先的制衡原則，因而促使了曹叡下定決心更換輔政人選。

第三節　臣僚從政心態對曹叡君臣關係之影響

　　王夫之《讀通鑑論》論及曹叡時期諸臣，特別針對諸臣極諫的心態提出討論，其文曰：

> 青龍、景初之際，禍胎已伏，蓋岌岌焉，無有慮此為叡言者，豈魏之無直臣哉？叡之營土木、多內寵、求神僊、察細務、濫刑賞也，舊臣則有陳群、辛毗、蔣濟，大僚則有高堂隆、高柔、楊阜、杜恕、陳矯、衛覬、王肅、孫禮、衛臻，小臣則有董尋、張茂，極言無諱，不避喪亡之謗詛，至於叩棺待死以求伸；叡雖包容勿罪，而諸臣之觸威以抒忠也，果有身首不恤之忱。漢武、唐宗不能多得於群臣者，而魏主之廷，森森林立以相繩糾。然而阽危不救，旋踵國亡。由是觀之，直諫之臣易得，而憂國之臣未易有也。〔註29〕

王夫之從陳群、辛毗、蔣濟、高堂隆、高柔、楊阜、杜恕、陳矯等魏臣的諫言中，肯定魏臣們有極言無諱、不畏生死的精神。然而曹魏政廷直諫之風盛行，曹叡又包容不問罪的情況下，王夫之卻得出「得直諫之士易，得憂國之臣難」〔註30〕的結論。王夫之的論點在於：

> 若夫雒陽、崇華銅人土山之縱欲勞民，與夫暴怒刑殺、聽小臣毀大臣、躬親細務而陵下不君，此皆見之聞之，古有明訓，而依道義以長言之，則不必有體國之忠，而但有感言之氣，固可無所畏避而唯其敷陳者也。抑豈足恃為宗社生民之託哉？〔註31〕

王夫之認為曹叡雖有嗜欲過度、役民無節、親近小臣、專權等等不君的行為，然而這些群臣也稱不上忠君為國。審查這些以直臣著稱者的心態時，王夫之指出要成為一個直臣，其實只需要具備「感言之氣」的條件即可，即敢於指摘曹叡之失。然而光有「感言之氣」，而無「體國之忠」，卻不足以遏止曹魏

〔註29〕《讀通鑑論》卷 10〈三國〉，頁 322～323。
〔註30〕頁 322。
〔註31〕頁 323。

政治上的衰敗之勢。原因即在於一個「憂國之臣」必須具備的「體國之忠」，而這正是曹魏群臣所缺乏的心態。

仔細審思漢魏之際的史料記載，王夫之批評曹叡時期的臣僚缺乏「體國之忠」的心態，其實早已存在於當時的政府官僚之中，並非是曹叡時代所僅見的問題。曹叡群臣的心態，應該可以往上追溯到漢魏政權更替之際的政治變動。在《世說新語‧方正五》提到在漢魏禪代時發生的一件事，即：

> 魏文帝受禪，陳群有慼容。帝問曰：「朕應天受命，卿何以不樂？」
>
> 群曰：「臣與華歆，服膺先朝，今雖欣聖化，猶義形於色。」〔註32〕

又同一事在《魏志》的裴注記載，在人物上則有些許的不同。裴松之引用華嶠所撰的《譜敘》，提到禪代當時的狀況：

> 文帝受禪，朝臣三公已下並受爵位，（華）歆以形色忤時，徙為司徒，
>
> 而不進爵，魏文帝久不懌，以問尚書令陳群曰：「我應天受禪，百辟
>
> 群后，莫不人人悦喜，形於聲色，而相國及公獨有不怡者，何也？」
>
> 群起離席長跪曰：「臣與相國曾臣漢朝，心雖喜悅，義形其色，亦懼
>
> 陛下，實應且憎。」帝大悅，遂重異之。〔註33〕

值得留心的是余嘉錫在《世說新語箋疏》中，分別筆錄了李慈銘的批校與南宋洪邁的《容齋隨筆》，及余氏自己的看法。洪邁面對漢末、魏初名士陳群、華歆兩人先後仕漢、魏二朝的歷史問題時，認為黨錮之禍是造成魏初士風不競的主要原因。〔註34〕李慈銘及余嘉錫則對此說法相當不以為然，李慈銘直斥陳群之舉為「不識羞恥」，而華嶠追述先祖華歆之言，則為「狗面人言，何足取信！」，明白指出兩人的言論，純屬後人子弟附會之說。〔註35〕余氏亦十

〔註32〕《世說新語箋疏》，頁281。

〔註33〕《魏志》卷13〈華歆傳〉，頁403～404。此段記載亦見於《世說新語箋疏》南朝劉孝標注，亦引自華嶠同書，然文字上略有不同、文意則未異，頁281。

〔註34〕《世說新語箋疏》，頁281。余氏筆錄洪邁《容齋隨筆》卷10：「夫曹氏篡漢，忠臣義士之所宜痛心疾首，縱力不能討，忍復仕其朝為公卿乎？歆、群為一世之賢，所立不過如是。蓋自黨錮禍起，天下賢士大夫如李膺、范滂之徒，屠戮殆盡，故所存者，如是而已！士風不競，悲夫！」

〔註35〕李慈銘的評論見《世說新語箋疏》，頁281。李慈銘云：「案陳群自比孔父，義形於色。可謂不識羞恥，顏孔厚矣！疑群爾時尚未能為此語。與其子（陳）泰對司馬昭『但見其上』之言，皆出其子弟門生妄相附會。如華嶠《譜敘》稱其祖『歆以形色忤時』，狗面人言，何足取信！」李氏認為這些言論，實際上有為陳群、華歆兩人強化賢臣形象的作用，所以應出於後人所追述、粉飾的記載。

分同意李慈銘的論點，認為洪邁之說，實乃流於世俗之見：

> 華歆為曹操勒兵入宮收伏后，壞戶發壁牽后出，躬行弒逆。是亦魏
> 之賈充，何至「以形色忤時」！歆、群累表勸進，安得復有戚容？
>
> 〔註36〕

因此，他認同李氏所言，此段記載實為陳、華二人子孫後人附會的說法。華
歆、陳群並以名士大儒著稱於東漢末年至曹魏初年間，身逢漢魏政權更替之
際的變局，均不能堅守對東漢王朝的忠誠，反而紛紛拋棄劉氏、效忠於曹氏。
尤以華歆接受曹操命令，勒兵收拿東漢獻帝之伏皇后一事，最為後世所譏評。
〔註37〕《世說新語》的同卷收錄了東漢末年名士宗承的事蹟。南陽宗承、字
世林，與曹操同時人，少有德名，因為非薄曹操的為人，所以拒絕與之交往，
即使曹操擔任東漢司空的高官，依然不改其志。〔註38〕宗承深獲曹丕兄弟們
的禮遇，在曹丕稱帝後，接受曹丕的徵召，擔任直諫太夫一職。余嘉錫在箋
疏此段文字時，從宗承一人反省及當時被視為方正者們的事蹟，也不免於和

〔註36〕《世說新語箋疏》頁281。

〔註37〕《魏志》卷1〈武帝紀〉，頁44，注引《曹瞞傳》：「（曹）公遣華歆勒兵入宮
收（伏）后，后閉戶匿壁中。歆壞戶發壁，牽后出。（獻）帝時與御史大夫郗
慮坐，后被髮徒跣過，執帝手曰：『不能復相活邪？』帝曰：『我亦不自知命
在何時也。』帝謂慮曰：『郗公，天下寧有是邪！』遂將后殺之，（伏）完及
宗族死者數百人。」從這裡可以看出華歆按照曹操的旨意辦事，完全不顧東
漢皇帝、皇后的威嚴。考之史實，華歆少有高名，與管寧、邴原同遊學。華
歆曾接受何進徵召，任漢尚書郎，後從孫策。曹操以東漢獻帝名義徵召回洛
陽，授以漢官。魏國建，為魏御史大夫。根據《魏志·武帝紀》、《後漢書·
伏皇后傳》等傳，伏皇后被收廢事件發生於建安十九年（214）十一月，華歆
則在同一年七月曹操征孫權時，即已先擔任曹操之軍師。華歆軍師一職，是
曹操向獻帝上表請求後轉任的，用以輔佐征孫吳的軍事行動。《魏志·武帝
紀》，頁49，則提到建安二二年（217）六月，曹操以軍師華歆為魏御史大夫，
同一年確立曹丕為魏太子。因此，華歆受命收伏皇后一事，應在初任曹操軍
師之後，遲至建安二二年華歆才真正被授以魏官，確立與曹氏的從屬關係，
故此時名義上應仍屬於漢官。擔任軍師與收伏皇后均在同一年，時間間隔相
當短，因此從華歆在伏皇后事件中的表現，我們可以視為華歆藉機向曹操表
示忠誠。因此孫盛在論及華歆豫章失守、為孫策所獲時，評其「既無夷、皓
韜遯之風，又失王臣匪躬之操，故撓心於邪儒之說，交臂於陵肆之徒，位奪
於一豎，節墮於當時。」《魏志·華歆傳》，頁403。

〔註38〕《世說新語箋疏》，頁279～280，「南陽宗世林，魏武同時，而甚薄其為人，
不與之交。及魏武作司空，總朝政，從容問宗曰：『可以交未？』答曰：『松
柏之志猶存。』世林既以忤旨見疏，位不配德。文帝兄弟每造其門，皆獨拜
於床下，其見禮如此。」

前所言的洪邁一般，同樣對東漢士風不振的情況感嘆不已。余氏認為：

> 宗承少而薄操之為人，老乃食丕之祿，不願為漢司空之友，顧甘為
> 魏皇帝之臣。魏、晉人所謂方正者，大抵如此。東漢節義之風，其
> 存焉者蓋寡矣。〔註39〕

東漢末年、曹魏初年名士宗承的節義是如此一般，其後的華歆、陳群亦然如此。在余氏箋疏中另外保留了李詳論及王昶對曹丕評論宗承一事的疑問，認為王昶對宗承的批評，可能是出自其個人的愛憎之言。〔註40〕然而，我們從王昶對宗承的評論中，提到「世林少得好名，州里瞻敬。及其年老，汲汲自勵，恐見廢棄，時人咸共笑之。」〔註41〕不難發現宗承前後政治態度上的轉變，連當時人都察覺到且相當不以為然，王昶尚且以宗承為例，作為告誡子孫言行的範本。暫且不論王昶與宗承之間的關係如何以及王昶的批評是否客觀，不可否認地，宗承由不交曹操到轉而為曹丕之臣的記載確實存在，其氣節難免會引起後人的非議。

在宗承留下的少數記載中，有一段話其實是可以作為其心境的最好註解，即在《漢末名士錄》中所提到宗承如何勸戒袁術對何顒不滿的事件。袁術甚至怨恨到與宗承相會時，還提到自己想殺了他，於是宗承就勸他「何生英俊之士，足下善遇之，使延令名於天下。」〔註42〕這種善遇名士以獲取天下賞識，不過是宗承提升自己的聲名的一個方法，而非由真正內在德行所呈現出的外在表現。所以從宗承少有德名一事，真正的動機在透過眾人追求、提高個人聲望，並藉此獲得更多的利益，將這種自私為己的想法，流露無遺。然而，這種自私自利的心態，也同樣呈現在漢、魏政權交替之際時的士人、官僚的行為上，如前文所論及的漢末魏初名臣華歆、陳群二人。眾觀魏史，諸如此類改節易主的臣僚比比皆是，無論是否擔任漢官或魏官，如以儒學著稱的東海王朗及素以耿直著稱的衛臻、辛毗、桓階等臣僚們，皆頻頻上書要求曹丕順應天命，接下東漢獻帝禪讓的帝位，完成朝代更替。〔註43〕這些在

〔註39〕《世說新語箋疏》，頁280。
〔註40〕《世說新語箋疏》，頁280。
〔註41〕《晉書》卷75〈王述傳〉，頁1964。
〔註42〕《漢末名士錄》為裴松之收錄於《魏志》卷10〈荀攸傳〉的注解中，頁322。
〔註43〕《魏志》卷2〈文帝紀〉，頁62～75，在裴注引《獻帝傳》中保留了當時一再上書要求禪代的臣僚名諱，除了王朗、衛臻、辛毗、桓階、陳群、華歆外，尚有賈詡、李伏、劉曄、陳矯、劉廙、蘇林、司馬懿、鮑勛、武周等臣。

漢廷極力推動禪代的官僚，往往也成為日後曹魏政權的主要成員；同樣地，這些曹魏政權的主要成員，本身或者下一代的子弟，往往也成為日後西晉司馬氏政權的贊助者。最具代表性的是賈逵子賈充及陳矯次子陳騫，及其他同為曹魏重臣之後的新興官員王沈、裴秀等人，在魏晉禪代之際對司馬氏的積極黨附，是有目共睹的行為。〔註44〕是以唐人在編纂《晉書》時，保留了西晉武帝朝時人的批評，其詞曰：「賈、裴、王，亂紀綱。王、裴、賈，濟天下。」〔註45〕明言其亡魏成晉的歷史事實。除了曹魏新一代的官僚對禪代的推動外，朝中老臣亦不乏在朝代更替中用力頗深的人。高平陵事件中，高柔、王觀分別以行大將軍、行中領軍佔據曹爽、曹羲軍營，在盧毓、孫禮、傅嘏、孫資、劉放等等臣僚的贊助、默許下，終於造就了魏晉禪代的結果。〔註46〕

另一個自私利己的例子，則是劉放、孫資二人在曹叡決定輔政大臣時所扮演的角色。當裴松之筆錄《世語》、《漢晉春秋》時，即認為孫、劉二人在託孤一事上有「負國之玷」，其論點為：

> 孫、劉于時號為專任，制斷機密，政事無不綜。資、放被託付之間，當安危所斷，而更依違其對，無有適莫。受人親任，理豈得然？案本傳及諸書並云放、資稱贊曹爽，勸召宣王，魏室之亡，禍基於此。資之別傳，出自其家，欲以是言掩其大失，然恐負國之玷，終莫能磨也。〔註47〕

孫資、劉放二人，在曹叡託孤的關鍵點上，排除了異己的燕王曹宇、曹肇等人，促成司馬懿與曹爽共同輔政的結果。當曹爽、司馬懿兩人在政治上產生嫌隙時，司馬懿又藉病不問政事以避曹爽之際，〔註48〕劉放、孫資二人亦於

〔註44〕賈充、陳騫事蹟分見於《晉書》卷40〈賈充傳〉，頁1165～1175，及卷35〈陳騫傳〉，頁1035～1037。

〔註45〕《晉書》卷40〈賈充傳〉，頁1175。這段歌謠頗值得注意，即前後文中對王沈、賈充、裴秀三人的次序編排不同，當時人是否有暗指賈充為亂魏三人之首惡，則不得而知。

〔註46〕王懋竑在其《白田草堂存稿》卷5〈雜著・魏志餘論〉中，即言：「懿之篡魏，劉放、孫資導之於前，而高柔、王觀、孫禮、盧毓與傅嘏助之於後，俱有力焉。不獨賈充、陳騫之儔也。」，頁13A。收錄在景印臺大清乾隆刊本《清名家集彙刊》（臺北：漢華文化，1972）

〔註47〕《魏志》卷14〈劉放傳〉，頁461。

〔註48〕《魏志》卷9〈曹爽傳〉，頁285。裴注曰：「初，宣王以（曹）爽魏之肺腑，每推先之，爽以宣王名重，亦引身卑下，當時稱焉。丁謐、畢軌等既進用，數言于爽曰：『宣王有大志而甚得民心，不可推誠委之。』由是爽恒猜防焉。

次年遜位（齊王曹芳正始九年，248），直至曹爽敗亡之後方回復中書舊職。王懋竑即認爲孫資、劉放的遜位行動，乃預料到司馬懿的企圖後，在考量到曹爽並非司馬懿的敵手，爲了自保所作的因應對策。〔註49〕

因此，王夫之對於曹魏群臣的心態頗多譏評，認爲：

> 高堂隆因鵲巢之變，陳他姓制御之説；問陳矯以司馬公爲社稷之臣，而矯答以未知。然則魏之且移於司馬氏，禍在旦夕，魏廷之士或不知也，知而或不言也。隆與矯知之而不深也，言之而不力也。當其時，懿未有植根深固之黨，未有榮人、辱人、生人、殺人之威福，而無能盡底蘊以爲魏主告。無他，心不存乎社稷，浮沈之識因之不定，未能剖心刻骨爲曹氏徘徊四顧以求奠其宗祐也。逮乎魏主殂，劉放、孫資延大姦於肘掖之後，雖灼見魏之必亡而已無及矣。〔註50〕

正是因爲這些朝臣在心態上，抱持著「心不存乎社稷，浮沈之識因之不定，未能剖心刻骨爲曹氏徘徊四顧以求奠其宗祐」的態度，所以在面對國家生存危急的時刻，往往以個人安危、家族利益爲最先的考量。孫資、劉放如是態度，即使是舊臣華歆、陳群之流，亦曾在東漢尚未滅亡之際，爲求自保而改節盡心爲曹魏政權服務。身居輔政大任的司馬懿，不但歷任漢魏官職，最後更在曹爽勢力急速擴張之際，爲求自保而借病引退。郭熹微在其〈論魏晉禪代〉文中，即認爲魏晉禪代的歷史事件影響當時名士的「容身保位，坐觀得失」觀念的盛行，造成漢末到魏晉之際的士大夫的名教觀念，尤其是「忠」

禮貌雖存，而諸所興造，皆不復由宣王。宣王力不能爭，且懼其禍，故避之。」曹爽、司馬懿兩人關係之交惡，丁謐、畢軌、何晏、鄧颺、李勝的任用是一個因素。由於曹爽在何、鄧數人的協助下，推動朝政的改革，由政治理念的不同，終於演變成不同的政治利益紛爭。郭熹微即先言「曹馬之爭是在君權衰弱的情況下，不同政治派別的鬥爭。」見郭氏前揭文，頁53。王曉毅更是在其〈正始改革與高平陵政變〉一文中，討論曹爽一派改制損害其他朝臣的利益，引起官僚階層的不滿，是日後高平陵政變司馬氏成功的主因。值得注意的是盧建榮〈魏晉之際變法派與及其敵對者〉一文，盧氏在整理陳寅恪、任繼愈、唐長孺、徐高阮、劉顯叔等人的舊說時，認爲有必要重新檢討曹魏齊王正始年間的政治改革問題。因此，盧氏特別針對曹爽集團與司馬氏集團，從曹爽集團的改革到司馬氏的因應，個別討論其中的內涵、思想理論、政治軍事權力的部屬等因素，來分析曹爽、司馬懿兩黨黨爭的原因與所代表的歷史意義。

〔註49〕《白田草堂存稿》卷5〈雜著・魏志餘論〉，頁14A～14B。
〔註50〕《讀通鑑論》卷10〈三國〉，頁323。

的觀念每下愈況。〔註 51〕然而，曹魏群臣在魏晉禪代中的自保心態，其實是殘存自漢末士人面對漢魏禪代之際的自保心態。而曹叡即位後所面對的建安、黃初舊臣，更是不乏漢魏禪代之際改節事魏的漢臣，以心思敏銳著稱的曹叡，對此並非一無所知。曹叡相當清楚在曹魏朝臣間瀰漫的自保心態，而直臣楊阜更是點明自己上書勸諫的動機，是為了保存日後的生命安全，將朝中群臣的自保心態更具體地呈現出來。所以，曹叡才會在群臣屢次上書勸諫的行動中，對朝臣進諫言的心態一直抱持著懷疑的態度。正因為曹叡已經意識到群臣們的自保心態，才會導致日後在託孤問題上的徬徨無依。然而，導致曹叡徬徨無依的因素，更多則是來自於時人的政治態度，特別是對於朝代更替的認知。

　　後世史家在論及魏晉禪代的問題時，常常會對當時的臣僚行事頗多責難。如清代士人王夫之，即認為曹叡時期的臣僚，不是具有「體國之忠」的憂國之臣，雖見到曹魏政權的各種問題，卻無法遏止曹魏政治的衰敗。王夫之認為群僚自保的心態，其實早已存在於當時的官僚文化之中。清初顧炎武則認為東漢自光武表彰氣節後，風俗一變為醇美，節義之衰則始於東漢儒者蔡邕仕於董卓時。〔註 52〕然而，曹叡群臣的心態，代表瀰漫於整個魏晉南北朝的政治風氣。東漢臣僚轉而仕於新興的曹魏政權，曹魏群僚及其子弟又轉而侍奉興起的司馬氏政權。在東晉南朝的政治變動中，並沒有重新建立一個新的官僚階層，只改了國號、年號和姓氏，掌握仕宦特權的世家大族依舊出仕入宦。清儒趙翼在《陔餘叢考》中，針對魏晉之際的歷史發展，提出「六朝忠臣無殉節者」的現象，其文曰：

　　　　蓋自漢魏易姓以來，勝國之臣，即為興朝佐命，久以習為固然。其

〔註 51〕頁 63～66。
〔註 52〕顧炎武在《日知錄》（臺北：明倫出版社，1970）卷 17〈兩漢風俗〉中，對蔡邕仕於權臣董卓一事，譏評不已。顧氏認為「東京之末，節義衰而文章盛，自蔡邕始。……士君子處衰季之朝，常以負一世之名，而轉移天下之風氣者。」，頁 378。顧氏認為東漢自光武表彰氣節之後，士風家法為之淳美。是以經東漢末年之動盪，東漢皇室的名義仍可維持不墜。而東漢節義之風的衰微，始自蔡邕，又經曹操、正始名士的推波助燃後，風俗又為之一變，流風不再。關於顧氏的說法，近人廓士元在〈試論魏晉士風不競之成因〉一文中，認為其批評蔡邕過苛。廓氏認為漢晉士人風氣的轉變，有其歷史背景的淵源，而非個別儒生所能為者。全文收錄在《魏晉南北朝研究論集》，頁 1～27。值得注意的是廓氏在考察蔡邕的行事時，注意到漢代儒生對於國家的觀念，認為東漢節義之衰，肇始於漢世經學的流變，給予篡奪者合法的依據。

視國家禪代，一若無與於己，且轉藉爲遷官受賞之資，故偶有一二
耆舊，不忍遽背故君者，即已嘖嘖人口，不必其以身殉也。〔註53〕
然而趙翼在批評六朝臣僚的心態之餘，卻指出從六朝到隋唐時代，其實並未
存在殉節的習俗和風氣，一直要到宋代士大夫開始重視節義之後，才開始有
轉變。趙翼認爲整個風俗的轉變，關鍵就在於詩書對人心的教化功效，以及
「儒學昌明，人皆相維以禮義而不忍背」。〔註54〕趙翼的說法，呈現出清代士
人對儒家教化功能的肯定，卻也表達出魏晉至明清的士人，在思想認知上的
不同。在後人的譏評中，魏晉士人對於朝代更替的眞正想法反而顯得幽隱不
明了。

　　對照於漢魏之際士人和史家的記載和評論，不難發現魏晉時人和後人思
想上的差異。《三國志》裴注中，保留了時人陳壽、裴松之、習鑿齒、孫盛等
史家對曹魏臣僚的看法。陳壽在傳末論及歷仕漢、魏二朝的鍾繇、華歆、王
朗、王肅等人的行事時，提到：

　　　鍾繇開達理幹，華歆清純德素，王朗文博富贍，誠皆一時之俊偉
　　也。……王肅亮直多聞，能析薪哉！〔註55〕

同卷裴注附有魚豢的評論，其文曰：

　　　今此數賢，略余之所識也。檢其事能，誠不多也。但以守學不輟，
　　乃上爲帝王所嘉，下爲國家名儒，非由學乎？〔註56〕

可以很清楚地看到陳壽、魚豢兩人對鍾繇、華歆、王朗、王肅四人評論的重
心，不在其改朝換代之際的侍君心態，而是在於個人的事功能力。魚豢雖然
認爲這些臣僚的能力不如世人所言出眾，但仍然對其「守學不輟」的態度有
所肯定。

　　同時代的史家范曄，把漢末士人荀淑、韓韶、鍾皓、陳寔於《後漢書》
中合爲一傳，也特別針對荀爽、陳寔二人加以評論。范氏論及在漢末大亂之
際，同遭東漢政治禁錮的荀爽、陳寔二人的政治活動。荀爽在接到當朝權臣
董卓的召命後出仕，而陳寔則於謝絕於朝事之外，不復出仕。范曄從荀爽出
仕的始末，提出君子的出處應當「平運則弘道以求志，陵夷則濡跡以匡時」，

〔註53〕點校本・趙翼，《陔餘叢考》卷17〈六朝忠臣無殉節者〉（日本京都：中文出
　　　　版社，1979），頁323。
〔註54〕《陔餘叢考》卷17〈六朝忠臣無殉節者〉，頁324。
〔註55〕《魏志》卷13，頁422～423。鍾繇、華歆、王朗、王肅四人之合傳。
〔註56〕《魏志》卷13，頁422。

並稱許荀爽爲「大直若屈」。〔註57〕對於隱居不仕的陳寔，范氏則是稱許其深明「進對之節」，故能使天下風俗清明。從范曄的評論來看，荀爽、陳寔二人，一在中央匡正時局、一在民間端正風俗，兩人其實是沒有高下之別，同樣有貢獻於當時的時局。又，《後漢書・蔡邕傳》亦提到蔡邕是在董卓的威逼之下，不得不出仕於漢廷，然而其在朝中，「（蔡）邕亦每存匡益。然（董）卓多自很用，邕恨其言少從。」〔註58〕蔡邕雖有接受董卓辟書之實，其在朝中行事卻有范曄所言「陵夷則濡跡以匡時」的狀況。王允雖斥其有「懷其私遇，忘其大節」之罪而殺之，范曄卻藉著東漢太尉馬日磾之口，指出蔡邕實際「忠孝素著，而所坐無名。」〔註59〕並在傳末的評論中，肯定其有「匡導既申，狂潛屢革」的貢獻。〔註60〕從馬日磾、范曄、鄭玄等人之嘆，卻也表達出時人對於忠孝的看法。此外，藉著其後的史家陳壽、魚豢、范曄等人的評論，也顯現出魏晉時人在處理東漢末年以來的政治動亂、朝代更替相關問題與史料時，所評判的標準是個人的事功能力，以及其對時局的貢獻，至於對統治階層忠心與否，則不是他們所關心的問題。

　　從魏晉史家對漢末、魏初士人政治活動的批評，可以清楚見到魏晉時人重視個人在世局變亂中的表現，遠甚於對統治者的忠誠。東漢末年黨錮之禍的迫害、地方軍閥的割據與動亂、甚至是曹操的法家統治方式，造就魏晉時人重視個人的事功，強調自保的重要性。然而，更重要的原因，則來自於魏晉時人對於「改朝換代」的認知。陳師啓雲在〈荀氏易傳中的革命思想〉一文中，提到荀爽在注釋《易傳》時，提出一位有德者不應侍奉陰暗無德之君。〔註61〕荀爽在解釋經文時提出的德、位「升降」理論，表達出荀氏個人的革命思想。荀爽反抗政府的思想，除了來自對東漢末年的政治混亂不滿，又與漢代私傳的易學傳統脫不了關係。荀爽的著作在漢、魏時期的士人階層間大爲風行，是東漢末政爭中興起的學術思想。荀爽及其追隨者，認爲敗德的君主將會在政治革命中降位，甚至被消滅，合法了改朝換代的觀念和行爲。〔註

〔註57〕《後漢書》卷62〈荀爽傳〉，頁2058。
〔註58〕《後漢書》卷60下〈蔡邕傳〉，頁2006。
〔註59〕《後漢書》卷60下〈蔡邕傳〉，頁2006。
〔註60〕《後漢書》卷60下〈蔡邕傳〉，頁2007。
〔註61〕〈荀氏易傳中的革命思想〉，頁97。收錄在《漢晉六朝文化・社會・制度——中華中古前期史研究》（臺北：新文豐出版社，1996）
〔註62〕〈荀氏易傳中的革命思想〉，頁89～128。

62〕中外學者在討論漢代的政治發展與士人的政治思想時，已經注意到「五行」學說在漢人思想中的重要性。西漢士人包括王莽、漢皇室成員等等，相信每個王朝均在五行中某一行的力量下進行統治，當這行依序被下一行所取代時，王朝就滅亡了。〔註 63〕王莽新朝的建立與東漢光武的中興，顯示出西漢、東漢之際知識分子對於天命移轉、改朝換代理論的接受。在東漢光武帝建國之後，這種革命的思想被政府打壓而轉至民間，到東漢末年與宗教結合，為新的社會菁英所接受。東漢獻帝遜位的歷史事實，象徵了漢末上層知識階層對於改朝換代理論的接受。〔註 64〕

　　西漢蓋寬饒引用《韓氏易傳》所言的「若四時之運，功成者去，不得其人則不居其位。」〔註 65〕的說法，和荀爽《荀氏易傳》中的宣揚的「升降」理論，代表了西漢到東漢末期中央官僚與知識階層的政治想法。東漢末年爆發以張角為首的「黃巾之亂」，則是以地方百姓為主，值得注意張角所標榜「蒼天已死、黃天當立」的口號，也帶有五行更替、革命易代的想法。〔註 66〕《魏書》中記載曹操征討地方上的黃巾亂民時，黃巾教徒給他的書信即提到：「漢行已盡，黃家當立。天之大運，非君才力所能存也。」〔註 67〕明白指出按照五行的推演，漢朝劉氏的氣數已盡，已經不是曹操一人所能挽救的。顯示出無論是民間的百姓，或是上層的知識份子，所抱持的革命易代、反抗暴政等想法，是連貫一致的。西漢初年即已存在的改朝換代想法，經過西漢韓嬰、蓋寬饒等人的詮釋後，仍存於東漢末年官僚、知識分子的思想裡。正是漢人原有的「革命易代」想法，驅使東漢臣僚在東漢政權衰微的關鍵時刻，轉而投向曹魏政權；同樣地，這種心理也促使魏末臣僚投向新興的司馬氏政權。對於曹魏的統治者而言，曹魏政權基礎的真正威脅，不是敵對的吳、蜀政權，而是魏人本身所認同、接受的「改朝換代」想法。東漢朝廷盛行的讖緯、符

〔註 63〕如美國哥倫比亞大學教授畢漢斯（Bielenstein, Hans.）所主筆的《劍橋中國秦漢史》（北京：中國社會科學出版社，1992）第 3 章〈王莽，漢之中興，後漢〉中，討論王莽的崛起時，即特別注意到當時知識分子對於王朝更替的想法，頁 245。按：《劍橋中國秦漢史》乃譯自英國劍橋大學出版社 1986 年英文版的中文簡體字版本。

〔註 64〕荷蘭萊頓大學漢學院教授曼斯維爾特（Mansvelt Beck, B. J.）主筆《劍橋中國秦漢史》第 5 章〈漢代的滅亡〉，頁 389。

〔註 65〕新校標點本‧《漢書》卷 77〈蓋寬饒傳〉，頁 3247。

〔註 66〕《後漢書》卷 71〈皇甫嵩傳〉，頁 2299。

〔註 67〕《魏志》卷 1〈武帝紀〉，頁 10，裴注引自《魏書》。

瑞，更加強時人對「天命移轉」的肯定，及朝代更替的合法性。〔註68〕漢魏禪代之際，在東漢臣僚上書要求獻帝禪位於魏王曹丕的疏文中，及東漢獻帝、曹丕回應的文字中，〔註69〕天命可以移轉的說法更是隨處可見。天命可以移轉，象徵著改朝換代的合法性，東漢亡於此，承續其後的曹魏政權，也在政治上承繼了相同的考驗，成為曹魏政權統治者內心的最大隱憂。清儒趙翼感嘆魏晉士人「無殉節者」的歷史事實時，反而凸顯出存在於兩漢到魏晉南北朝士人間，對於改朝換代的獨特認知。曹叡在託孤之際的徬徨無依，除了來自對臣僚的猜忌與不信任，更大的部分，則是在面對時人的改朝換代觀念時，發自內心的無助感。

〔註68〕　最有名的例子，即東漢太史丞許芝向魏王曹丕條列漢末曾經發生，得以證明魏代漢的讖緯、符瑞。見《魏志》卷2〈文帝紀〉，頁63～65。其他的臣僚如辛毗、劉曄、衛臻、陳矯、陳群、桓階等人，並以許芝所言之符瑞為禪代的依據。

〔註69〕　《魏志》卷2〈文帝紀〉，頁62。裴注引袁宏《漢紀》所載漢獻帝禪位的詔文，文中即提到「炎精之數既終，行運在乎曹氏。」東漢以火德自居，故稱「炎精」，然而這句話也表現出五行更替的想法。裴注並保留辛毗、劉曄、衛臻、陳矯、陳群、桓階等人上書的內文，頁62～76。同傳，頁67，東漢獻帝下詔由曹丕禪代天下時，亦言：「是以天命不以常，帝王不一姓，由來尚矣。」群臣更以「謹案古之典籍，參以圖緯，魏之行運及天道所在，即尊之驗，在於今年此月，昭晰分明。」一言，力贊曹丕稱帝。曹丕則以漢曆數將終，在「震畏天命」的情況下，不得不接受東漢的禪讓，頁75。無論是東漢或曹魏的君臣，均一致強調禪位是順應天命的做法。

第六章　結　論

　　在曹叡掌政時期所爆發的太和浮華案，代表了曹魏政權新一代官僚與知識分子的政治活動，以及流行於當世的社會風潮。在這樣的政治活動中，反應出曹叡君臣們治國的理念，以及曹叡時期整個朝政的運作狀況。在浮華案件中，曹魏政府的懲處態度，除了影響參與交遊士人的仕宦之路外，更重要地，浮華案件中的反對聲浪，也間接影響了日後曹叡及朝中重臣對新進官員的選擇。然而，太和浮華案發生的始末，事實上也牽連了整個曹叡時期的政治發展與朝中成員的關係。在討論曹叡時期著名的太和浮華案時，還必須對整個案件的始末做更進一步的分析，尤其是發生浮華風潮的背景：即曹叡時期，才能解釋東漢末年即已產生的浮華風潮，為何會在曹叡統治時期演變成大規模的政治懲處事件。

　　在曹叡君臣眾口一致地反對浮華風氣的歷史現象下，實際上卻暗藏著君臣關係的矛盾與衝突。曹叡即位初期，在邊境上面臨了東吳與蜀漢的軍事威脅，而曹魏的內政本身，又面臨曹叡父祖時代的重臣、宿將仍活躍於朝廷，處處限制曹叡個人的施政與生活方式，引起了曹叡的不滿。因此，曹叡藉著對蜀漢、東吳戰事的發展，展現出自己對軍事的規劃與對敵情的認識，以服眾臣之心；在另一方面，也藉機將曹丕所指定的輔政大臣曹真、曹休、司馬懿等人，調離於中央政治圈外，減少其對曹叡執政的影響。無論是在朝政的運作、軍事活動的策劃與新進臣僚的選任上，或是在對宮室營建、裝飾的堅持與要求，甚至在個人的生活享樂上，曹叡都按照自己的想法去施行，不為眾臣們的意見所左右。曹叡集權於自己一人的統治方式，連帶影響了朝中官員的行政職權，並干涉曹魏官僚體系的實際運作，減低臣僚對曹魏政權的向

心力。仔細深究曹叡意圖掌握所有大權的心態，除了顯現出其對臣僚的不信任外，當時臣僚的從政態度，事實上也是促使曹叡猜疑、不安的一個因素。

曹魏繼承東漢末年的政治、軍事動亂，也繼承了地方勢力分割的局面。在曹操的努力下，雖然重新安定了華北地區的秩序，但三國鼎立的事實，則象徵著中央政權一統性的消逝。曹叡在接下曹丕的帝位時，也同樣面臨了分裂時代的存在。從東漢末年開始的政治分裂，改變了當時的政治環境，也同樣影響了漢末、魏初知識分子對於中央政權之認同感。東漢末年的黨錮之禍，嚴重戕害了知識分子對於現實政治的改革熱誠，也損傷了士人對東漢政權的向心力。在面對險惡的生存環境時，如何自保個人與家族於亂世動盪之中，就成為漢末士人的首要目標。無論是隱逸於世事之外，或是改而侍奉曹魏政權、孫吳政權、蜀漢政權，都是一種自保的方式。在這種自保的心態下，對新政權的忠誠度事實上是值得懷疑的。余英時〈魏晉之際士之新自覺與新思潮〉中，即提到當時社會上最有勢力的士大夫階層，已經不復以國家社會為重，而是轉而發展其個人的私生活。〔註1〕身為官僚機構中心的士大夫以自保為目標，以累積個人的政治資本、發展家族的社會聲望為第一要務，國家與人民已經不是他們所關注的重心了。對於身居國家最高權力的曹叡而言，自然能夠感受到臣僚的自私心態，才會在面對朝中群臣的諫言時，直指臣僚有藉機增加自己名聲的企圖。楊阜進諫的內文，不過是證實了曹叡對於臣僚的觀感，代表了從東漢末年即已開始發展的自保思想。〔註2〕皇帝既不信任臣僚，而臣僚又以個人榮祿為先的情況下，終於導致魏晉禪代之時，許多曹魏功臣子弟紛紛轉而投效司馬氏，亡魏成晉，成為西晉建國的重要功臣。因此曹魏時期的君臣關係，實際上是建立在上下交相疑的基礎上，曹叡時期君臣關係的不良，破壞了曹魏政權的基礎，導致了日後的高平陵事件，曹魏政權的覆亡。曹魏政權的滅亡，肇始於曹叡統治的時代，其禍害則著於曹芳、曹髦時代，到了曹奐時期，曹魏皇室已經名存實亡，沒有任何的實權。曹氏統治者的不信任態度固然是主因，而當時臣僚的自保心態，其實也難逃其責。無論是曹叡的猜忌，或是群僚的自保心態，基本上還是不脫兩漢的「革命易代」的想法。漢人對於改朝換代的認知，成為魏晉君臣關係的一大隱憂，嚴

〔註1〕 余英時，〈魏晉之際士之新自覺與新思潮〉，《中國知識階層史論〈古代篇〉》（臺北：聯經出版社，1993），頁295。

〔註2〕 《魏志》卷25〈楊阜傳〉，頁707。

重影響魏晉君臣對彼此的信任，也導致曹叡在託孤一事上，舉棋不定、徬徨無依。

　　魏晉臣僚的自保心態，一直是歷代士人譏評的重點，尤以明清士人王夫之、顧炎武、趙翼等人為代表。近代學者鄺士元在〈試論魏晉士風不競之成因〉一文中，檢討顧炎武對蔡邕批評的論點時，提出顧炎武的說法不合當時史實，故一再強調必須結合當時的歷史背景。〔註3〕明清士人王夫之、顧炎武、趙翼對魏晉士人的嚴厲批評，也反應出明末清初至清乾隆年間的歷史背景，以及明清政局對於士人思想的影響。明清之際的士大夫、知識分子，在政治上面臨異族入主中原的事實，在心理上則面臨了生死的抉擇，即殉國與否。在殉國與否的抉擇中，展現了明末臣僚、士人對忠孝、生死、難易等認知上的差異。近幾年香港學者何冠彪出版《生與死：明季士大夫的抉擇》一書，分析殉國觀念的源流、殉國原因，及明末清初殉國者的心態。〔註4〕在殉國觀念的源流上，何氏認為殉國的觀念在春秋時代就已經存在，不過要到宋代時，忠臣應殉國的觀念才日趨興盛。如宋初的《忠經》及歐陽修的《新五代史》以表彰節義，而以朱熹為首的南宋理學，則在前人的基礎上，鞏固了「三綱五常」的思想，使「君為臣綱」的觀念無限膨脹，促使人臣應該殉國的觀念更為流行。〔註5〕在何氏的分析中，清楚看到明末殉國者、未殉國者雙方對殉國行為的肯定，更重要的是把未殉國者在生死、忠孝間的矛盾心態呈現出來。在「臨難死節」的觀念下，未殉國者如何為自己的不死定位，就成為全書的一個重要關鍵。值得注意的，何氏認為未殉國者雖然用各種理由，來強化自己生存的意義，並一再檢討殉國者的心態，但實際心理上還是存有未能死節的遺憾與愧疚感。在前文所述的明末清初學者王夫之、顧炎武等人，雖對魏晉臣僚歷仕數朝、不念舊君的行為譏評不已，本身在面臨明清之際的生死抉擇時，也未能「臨難死節」，以死表志。

　　姑且不論明清士人批評魏晉變局的用意為何，由於受到南宋理學忠君觀念盛行的影響，在忠君觀念的框架下，明清士人與魏晉士人的認知其實已經有所不同，也影響了各自的批判標準。後世士人的批判，提供給我們另一種思考的方式，增加對過去歷史的理解，然而在這些批評中所呈現出來的歷史

〔註3〕《魏晉南北朝研究論集》，頁15～16。

〔註4〕何冠彪，《生與死：明季士大夫的抉擇》（臺北：聯經出版社，1997）。

〔註5〕《生與死：明季士大夫的抉擇》第1章〈導論：殉國觀念的源流〉，頁4～7。

事件，所代表的是後世士人腦中所認知、描繪的狀況。在後人的認知與歷史事件的原貌之間，歷史的眞實面是否受到扭曲，則需要我們多加留意。因此，在面對魏晉政治變動之際的君臣思想，做史料的檢討和分析時，除了借用後人的批判以增加理解，更重要地是必須釐清後世士人所強加於上的價值判斷，才能使魏晉時人的思想更眞實地呈現出來。

附表（三）：曹叡大事年表

時　　間	曹　叡　大　事	司　馬　氏　活　動	蜀漢／孫吳事略	備　　註
東漢獻帝建安十年（205）	曹叡生於鄴城			曹操於建安九年 8 月定鄴城，曹丕始納甄妃。
東漢獻帝延康元年（220）同年：魏文帝黃初元年	正月，曹操至洛陽，薨。魏太子曹丕即位，爲魏王，領冀州牧。改元延康。5 月，東漢獻帝封曹丕子曹叡武德侯。10 月，東漢獻帝禪位於曹丕，是爲魏文帝。	督軍御史中丞司馬懿等文武官上表勸進。曰：『…殿下踐阼，至德廣被，格于上下，天人感應，福瑞並徵，考之舊史，未若有今日之盛。夫大人者，先天而天弗違，後天而奉天時，天時已至而猶謙讓者，禹舜所不爲也，故生民蒙救濟之恩，群類受育長之施，今八方隅隅，大小注望，皇天乃眷，神人同謀，十分而九以委質，義過周文，所爲過恭也，臣妾上下，伏所不安。』		以侍中鄭稱爲武德侯傅。10 月東漢獻帝禪位於魏王曹丕，改延康元年爲黃初元年。
魏文帝黃初二年（221）	6 月，甄妃因怨望賜死。曹丕封諸弟爲公，子曹叡加封齊公。	司馬懿改遷侍中、尚書右僕射，與尚書令陳群共掌尚書台。	4 月，劉備在成都稱帝，改元爲章武。孫權遷都武昌。7 月，劉備自率諸軍征東吳。8 月，孫權遣使向魏稱臣，送于禁還。魏拜孫權爲吳王。	山陽曹偉，因交結孫權被魏誅。
魏文帝黃初三年（222）	3 月，立皇子曹叡爲平原王、皇弟曹彰等進爵爲王。復立皇子曹霖爲河東王。4 月，立鄄城侯曹植爲鄄城王。9 月，曹丕立郭貴嬪爲皇后。無子，命養曹叡爲子。		閏月，劉備爲吳將陸遜所敗，歸白帝城。8 月，蜀將黃權率眾降魏。	爲郭后所養，曹叡因母甄妃被誅事，心有不服，故曹丕未建爲嗣。是時，曹魏諸侯王皆寄地空名而無其實，隔絕千里之外，受皇室監視。
魏文帝黃初四年（223）			4 月，劉備殂於永安。5 月，太子劉禪即位，立太子妃張氏爲后。10 月蜀漢遣鄧芝修好於吳。吳遂與魏絕，與漢聯合。魏吳戰爭始。	3 月，曹仁卒。6 月，任城王曹彰卒於洛陽。同月，太尉賈詡卒。
魏文帝黃初五年（224）		《晉書》：曹丕改封尚書僕射司馬懿爲向鄉侯，轉撫軍大將軍、假節、領兵五千、加侍中錄尚書。復命司馬懿鎮許昌，懿固辭，帝曰：「吾於庶事，以夜繼晝，無須臾寧息。此非以爲榮，乃分憂耳。」		4 月，魏立太學，置博士，依漢制設五經課試之法。7 月，曹丕東巡欲伐吳。侍中辛毗諫之不聽。
魏文帝黃初六年（225）	7 月，曹丕封子曹鑒爲東武陽王。11 月，曹鑒薨。	2 月，以陳群爲鎮軍大將軍、隨車駕董督眾軍，司馬懿爲撫軍大將軍、留許昌、督後台文書。		

魏文帝黃初七年（226）	正月，曹丕還洛陽。 5月，曹丕疾篤，立曹叡爲太子，詔中軍大將軍曹真、鎮軍大將軍陳群、征東大將軍曹休、撫軍大將軍司馬懿輔政。 曹丕殂，魏明帝曹叡即位。 6月葬文帝於首陽陵。（洛陽東北之首陽山） 8月，吳將諸葛瑾、張霸寇襄陽、孫權圍江夏。曹叡命曹真、司馬懿討之。 12月以鍾繇爲太傅、曹休爲大司馬，都督揚州如故、曹真爲大將軍、華歆爲太尉、王朗爲司徒、陳群爲司空、司馬懿爲驃騎大將軍。	與陳群、曹真、曹休同受遺詔輔政。曹叡繼位改封舞陽侯。 司馬懿擊破吳軍，斬張霸。 曹真則破諸葛瑾之別將於尋陽。	蜀漢丞相諸葛亮欲出兵漢中，前將軍李嚴當知後事，移屯江州，留護軍陳到駐永安，統屬於李嚴。 吳孫權聞曹丕喪，8月攻江夏，太守文聘堅守，吳兵不利，退之。復遣左將軍諸葛瑾、張霸寇襄陽、孫權自圍江夏。 吳陸遜建議孫權施德緩刑、寬賦息調。 吳交趾太守士燮卒，孫權以士燮子徽爲安遠將軍，領九眞太守，以校尉陳時代士燮之交趾太守。交州刺史呂岱以交趾絕遠，表分海南三郡爲交州、以將軍戴良爲刺史、海東四郡爲廣州，呂岱自爲刺史。孫權遣戴良、陳時南入，士徽自署爲交趾太守，發兵拒之。呂岱、戴良討平之。除廣州，復爲交州。呂岱復進擊九眞，威行海南，海南諸國遣使入貢於吳。	華歆欲讓位於管寧，曹叡不許，徵管寧爲光祿大夫，不至。 海南三郡：交趾、九眞、日南。 海東四郡：蒼梧、南海、鬱林、合浦。
魏明帝曹叡太和元年（227）	2月建文昭甄皇后之寢園於鄴，王朗往視，見百姓多貧困，勸曹叡應以勤耕農爲務，修城池須待豐年。 4月詔鑄五銖錢。 營宮廟於洛陽。 6月詔司馬懿督荊、豫二州諸軍事，率所領鎮宛。 12月曹叡立貴嬪河內毛氏爲皇后。 太傅鍾繇上書建議復肉刑，眾臣同王朗皆反對，曹叡以吳蜀未平，寢其議。 吳將韓綜來降。 12月新城太守孟達反（魏興太守申儀告密）、命司馬懿討之。	6月司馬懿加督荊、豫二州諸軍事，至宛。 12月司馬懿討孟達，行軍千里，自宛至上庸。初，孟達深受文帝寵信，文帝殂後，意不自安，諸葛亮復以書信誘之，故孟達謀叛陰歸蜀。前與申儀不和，申儀密表告之。孟達得知，惶懼，欲舉兵反。司馬懿以書信慰解之，孟達乃猶豫未決。於是司馬懿潛軍進討。 時，諸將言：「達與吳、漢交通，宜觀望而後動。」懿曰：「達無信義，此其相疑之時也，當及其未定促決之。」乃倍道兼行，8日至新城。吳、蜀遣兵救之，司馬懿分諸將以距之。	春，吳解煩督胡綜、番陽太守周魴擊彭綺，生擒之。 3月蜀丞相諸葛亮率諸軍北駐漢中，使長史張裔、參軍蔣琬統留丞相府中事。上“出師表”。 吳昭武將軍韓當卒，子韓綜淫亂不軌，懼得罪，閏月，將其家屬、部曲奔魏。	宛城乃魏南方戰區重地。 吳、彭綺亂，魏臣多言可趁機攻吳，明帝問於中書令孫資，孫資言不可行。 孟達與諸葛亮連絡，亮惡其反覆，故意泄其謀，促其事發。
明帝太和二年（228）	正月司馬懿攻新城，遂斬孟達，東三郡遂平。以申儀久在魏興，擅承制刻印，多所假授，並執之歸洛陽。 以征西將軍夏侯淵子夏侯楙爲安西將軍、都督關中、鎮長安，使承夏侯淵之基礎。 春，蜀丞相諸葛亮首次北伐，曹叡遣曹真都督關右諸軍軍郿、右將軍張郃西拒諸葛亮，曹叡親率車師繼張郃之後助之。魏軍敗軍於街亭之役，蜀退兵。	司馬懿斬孟達，徙餘部七千人於幽州。 曹叡召見司馬懿，問伐吳、蜀何者爲先？答：「吳以中國不習水戰，故敢散居東關。凡攻敵，必扼其喉而椿其心。夏口、東關，賊之心喉。若爲陸軍以向皖城，引權東下，爲水戰軍向夏口，乘其虛而擊之，此神兵從天而墮，破之必矣。」	諸葛亮將攻魏，與群下謀。 丞相司馬懿延建議出兵，先從秦嶺、子午道至長安。有揚言欲由斜谷道取郿，並派趙雲、鄧芝爲疑兵，據箕谷。諸葛亮身率大軍攻祁山。聞訊關中震動，魏之天水、安定、南安皆響應蜀。諸葛亮逢張郃軍，戰於街亭。蜀軍不利而退，遂斬參軍馬稷。而趙雲、鄧芝亦敗於箕谷。諸葛亮上疏請求自貶，蜀漢後主以其爲右將軍，行丞相事。	初，孟達與諸葛亮書：「宛（司馬懿屯處）去洛八百里，去吾一千二百里。聞吾舉事，當表上天子，比相反覆，一月間也，則吾城已固，諸軍足辦。吾所在涉險，司馬公必不自來，諸將來，吾無患矣！」及兵到，達又告亮曰：「吾舉事八日而兵至城下，何其神速也！」

明帝太和二年（228）	曹眞討平安定三郡，言諸葛亮必出陳倉，使將軍郝昭等守陳倉，治其城。 4 月曹叡還洛陽。 命燕國徐邈爲涼州刺史，涼州州郡威服。 夏，曹叡問兵於司馬懿，深然其計，復命懿回宛城備戰。 吳將周魴詐降於曹休，曹休率步騎十萬向皖以應之。曹叡復遣司馬懿向江陵、賈逵向東關，三道並進。 8 月，曹休不依計畫，逕自下皖城，接應吳將周魴，在宛城東北之石亭爲吳將陸遜所敗，賴賈逵得身免。曹叡以宗室不問罪，曹休慚懼遂以病死。曹叡以滿寵都督揚州以代曹休。 冬，諸葛亮第二次北伐，首出祁山，圍陳倉。曹眞遣費耀等救之。曹叡召張郃擊亮，未至，亮因糧盡而退兵。 魏拜公孫淵爲楊烈將軍、遼東太守。		吳將周魴詐降，求救於魏，魏揚州牧曹休不疑，欲接應之。 8 月吳王至皖，以陸遜爲大都督，假黃鉞，親執鞭以見之。以朱桓、全琮爲左右督。陸遜於宛城東北之石亭爲大敗曹休，魏兵退。 諸葛亮聞曹休敗，魏兵東下，關中虛弱，故欲出兵擊魏。 12 月諸葛亮引兵出散關，圍陳倉，然陳倉已有備，不能克，圍陳倉。曹眞遣費耀等救之，諸葛亮終因糧盡而退。 吳拜揚州牧呂範爲大司馬，印綬未下而呂範卒。	諸葛亮出祁山時，天水參軍姜維詣亮降，辟爲倉曹掾。 東關：即濡須口，又名柵江口，分東西二關，東關之南岸，吳築城、西關之北岸，魏置柵。 9 月，曹休卒。 11 月，王朗卒。
明帝太和三年（229）	春，諸葛亮克魏武都、陰平二郡，敗救來的魏雍州刺史郭淮。 4 月孫權稱帝，國號吳。遣使和蜀漢聯盟。 元城哀王曹禮卒。 6 月繁陽王曹穆卒。 10 月曹叡改平望觀爲聽訟觀。帝常言：「獄者，天下之性命也。」每斷大獄，常詣觀臨聽之。時律法不一，詔以鄭玄的解釋爲主，後從尚書衛覬之議，設律學博士。並詔司空陳群、散騎常侍劉邵等刪定漢法，制《新律》18 篇、《州郡令》45 篇、《尚書官令》、《軍中令》共百八十餘篇。 11 月洛陽宗廟成，迎曹騰、曹嵩、曹操、曹丕神主於鄴。 12 月雍丘王曹植徙封東阿。	司馬懿仍屯駐宛城	春，諸葛亮遣陳戒攻魏之武都、陰平郡。魏雍州刺史郭淮引兵救之，未成。蜀漢得之，蜀漢後主復拜諸葛亮爲丞相。 4 月吳孫權在武昌稱帝，改年"黃龍"，立孫登爲皇太子。遣使告於蜀漢，蜀漢爲求自保，亦遣衛尉陳震使吳，賀稱尊號。於是孫權與蜀漢盟，約中分天下，以豫、青、徐、幽屬吳，兗、冀、并、涼屬漢，司州則以函谷關爲界。 9 月吳遷都建業，太子孫登及尚書九官留守武昌，上大軍陸遜輔佐之，陸遜並掌荊州及豫章三郡事，董督軍國。 吳、張紘病卒。 諸葛亮徙府營於南山下原上，築漢城於沔陽、築樂城於成固。	諸葛恪、張休、顧譚爲、陳表亦號四友。建國後，孫權以諸葛恪爲太子左輔、張休爲右弼、顧譚爲輔正、陳表爲議正都尉，於是東宮號爲多士。 吳以並尊二帝之議告漢，漢人認爲"名體弗順"，丞相諸葛亮勸以蜀漢安全爲重，則「我之北伐，無東顧憂，而（魏）河南之眾不得盡西，此之爲利，亦以深矣！」 魏洛陽宗廟從明帝太和元年開始建。裴松之言魏初唯立親廟，四祀四室而已，至明帝景初元年，始定七廟之制。 沔陽、成固皆屬漢中郡。
明帝太和四年（230）	2 月行司徒事董昭上疏，曹叡禁浮華交會，免參與浮華議論之尚書諸葛誕、中書郎鄧颺等人官位。	2 月司馬師因浮華案免官，終曹叡之世不復被任用。遷司馬懿爲大將軍。	春，孫權遣將軍衛溫、諸葛直將甲士萬人，浮海求夷州、亶州，欲俘其民以益眾，陸遜、全琮諫之，不聽。	4 月，魏定陵成侯鍾繇卒。 6 月，曹操夫人卞氏殂，7 月葬之。

明帝太和 四 年 （230）	2月改任大將軍曹眞爲大司馬，接替病死的曹休，遷司馬懿爲大將軍。曹眞以蜀人數次來攻，請由斜谷伐之。 7月詔大司馬曹眞與大將軍司馬懿伐蜀。命司馬懿由西城與曹眞會於漢水，其他將由子午谷或武威入漢中。 8月曹叡東巡至許昌。以左僕射徐宣總統洛陽留事。 9月明帝還洛陽。 9月大雨，伊、洛、河、漢水溢。太尉華歆、司空陳群、少府楊阜、散騎常侍王肅上書勸諫。曹叡下詔班師回朝。	7月，命司馬懿自宛城出發，溯漢水西上與曹眞會於漢中。司馬懿自西城斫山開道，水陸並進，泝沔而上，至於朐，拔其新豐縣。 9月時，司馬懿軍次丹口，得詔回師。	魏攻蜀漢，丞相諸葛亮，軍於成固次板以距之，遣李嚴守漢中。以李嚴子李豐爲江州都督，督事典李嚴後事。（李嚴本都督江州。）魏兵因雨而退。 蜀漢丞相諸葛亮以蔣琬爲長史，供給諸葛亮出兵在外之兵與糧。 吳，青州歸人隱蕃作亂伏誅，受其牽連，廷尉郗普自殺、左將軍朱據禁錮於家。 武陵五溪谿蠻叛吳，孫權招交州刺史呂岱還屯長沙。	曹眞欲從斜谷出兵，曹叡詔司馬懿與曹眞會於漢水，但司空陳群與其意見相左。 吳質升任侍中，時陳群以司空錄尙書事，掌領尙書台。質對曹叡稱讚懿曰：「驃騎將軍司馬懿，忠智至公，社稷之臣也，陳群從容之士，非國相之才，處重任而不親事」欲擁懿回京掌尙書機要，曹叡問於尙書令陳矯，陳矯答曰：「朝廷之望，社稷，未知也。」呂岱於魏文帝黃初七年討平交州亂事。
明帝太和 五 年 （231）	3月諸葛亮寇天水，曹眞病危，西部戰區無首，曹叡命司馬懿屯長安，曰：「西方有事，非君莫可付者。」使懿西屯長安、都督雍、梁二州諸軍事，統車騎將軍張郃、後將軍費曜、征蜀護軍戴淩、雍州刺史郭淮等討亮。司馬懿與諸葛亮對陣於上邽、鹵城。 3月司馬懿得麥以拒之 5月司馬懿進攻蜀軍鹵城鎮地，魏軍大敗。 6月秦嶺大雨，諸葛亮亮無糧而退兵，司馬懿命張郃追趕，至木門，張郃中諸葛亮伏兵而亡。 7月蜀漢退兵，曹叡以司馬懿退敵有功，增封地，封爵增位。	《晉書·宣帝紀》：亮聞懿大軍至，乃自率眾將芟上邽之麥。魏諸將皆懼，懿曰：「亮慮多決少，必安營自固，然後芟麥，吾得二日兼行足矣！」於是卷甲晨夜走，亮望塵而遁。 懿曰：「吾倍道疲勞，此曉兵者之所貪也。亮不敢據渭水，此易與耳。」進次漢陽，與亮相遇，懿列陣以待之。使將牛金輕騎餌之，兵才接而亮退。亮屯鹵城，據南北二山，斷水爲重圍。懿攻拔其圍，亮宵遁，追擊破之，俘斬萬計。天子使使者勞軍，增封邑。…於是表徙冀州農夫佃上邽，興京兆、天水、南安監治。	2月孫權假太常潘濬節，使與呂岱督軍討武陵五溪谿蠻。 吳將軍衛溫、諸葛直浮海求夷、覃州，無功而還，誅之。 諸葛亮第四次北伐，以李嚴爲中都護署漢相府事。二諸葛亮出祁山，入兵天水，圍魏將賈嗣、魏平於祁山。魏遣司馬懿都督諸軍以救之。諸葛亮之出兵，李嚴總督後事，糧運不濟，假蜀漢後主北召諸葛亮還，兵果還。諸葛亮以其言前後反覆，免官削爵。仍以李豐爲中郎將、參軍事。	3月，大司馬曹眞卒。 張郃勸懿分軍住雍、郿爲後陣。懿曰：「料前軍獨能當之者，將軍言是也。若不能當，而分爲前後，此楚之三軍所以爲黥布禽也」遂進軍隃麋。 《晉書》的記載與《三國志》各傳不同，有爲懿隱諱的狀況。 12月，太尉華歆卒。
明帝太和 六 年 （232）	2月曹叡詔改封諸侯王，皆以郡爲國。 曹叡女曹淑卒，追謚平原懿公主，立廟於洛陽，詔以曹叡母甄后之從孫甄黃合葬。又親欲送葬並至許，司空陳群、少府楊阜諫之，不聽。 3月曹叡東巡。 4月至許昌。 遣汝南太守田豫督青州諸軍，自海道，幽州刺史王雄自陸道討遼東公孫淵，散記常侍蔣濟諫之不聽。兵遂無功，詔令罷軍。 12月曹叡還許昌宮。 侍中劉曄以憂死。 吳將陸遜引兵向廬江，魏將滿寵沮之。	《通鑑·魏紀四》卷72「帝嘗到尙書門…，帝嘗問（陳）矯：『司馬公忠貞，可爲社稷之臣乎！』矯曰：『朝廷之望；社稷則未知也』」胡三省注曰：「陳矯、賈逵皆忠於魏，而二人之子（陳騫、賈充）皆爲晉初佐命，豈但利率之移人哉？…」	正月吳王孫權少子孫慮卒，太子孫登自武昌歸，留建業，陸遜獨守武昌。 公孫淵數與吳通，吳王遣將軍周賀、校尉裴潛乘海至遼東，從公孫淵求馬。 潛途，爲魏將田豫所斬殺。 吳將陸遜引兵向廬江，爲魏將滿寵沮之，兵退。	5月，魏皇子曹殷卒。 12月，陳思王曹植卒。 魏侍中劉曄卒。劉曄素爲曹叡所重，有膽智，能諫曹叡之失。然，好迎合曹叡的心意，事覺後爲大鴻臚，遂發狂，以憂死。

明帝青龍元年（233）	2月改元青龍。 9月安定保塞匈奴大人胡薄居姿職等叛 12月拜公孫淵大司馬，封樂浪公。先，公孫淵以吳地遠，斬送吳使張彌等人之首級，並送其所贈之珠寶等物。 孫權圍新城，滿寵拒之，吳兵退。	司馬懿穿成國渠，築晉臨陂，溉田數千頃，國以充實焉。魏並於天水、南安等地監造兵器，專治冶鐵。 司馬懿遣將軍胡遵等兵追討胡薄居姿職等叛，破之。	公孫淵遣使奉表稱臣於吳，吳王孫權大悅，爲之大赦。 3月吳遣張彌、許晏、賀達將兵萬人，並財貨、九錫等授淵，封公孫淵爲燕王。顧雍、張昭諫之不聽。 吳出兵圍新城、以其遠水，不敢下船，後下船逢魏將滿寵，被其擊殺數百人。又使全琮攻六安，亦不克。 諸葛亮在漢中沔水一帶（陝西省勉縣）休士勸農，教兵講武，製造運糧工具：木牛流馬，爲第五次北伐做準備	成國渠位於關中平原。 5月，魏北海王曹蕤卒。
明帝青龍二年（234）	2月諸葛亮動員十萬人五伐中原 3月山陽公（漢獻帝）薨。 4月諸葛亮出斜谷。曹叡命司馬懿率眾拒諸葛亮，魏征蜀護軍秦朗督節騎二萬，受司馬懿節度。諸葛亮出兵上五丈原，爲郭淮、司馬懿軍所阻，蜀軍退守五丈原。明帝詔司馬懿間壁拒守。 7月曹叡親御龍舟東征。 6月孫權三路大軍爲魏將滿寵所退。曹叡進軍壽春，大封諸有功將領。時，司馬懿與諸葛亮仍相對峙，群臣以爲不宜，明帝曰：「權走，亮膽破，大軍足以制之，吾無憂矣。」 8月蜀相諸葛亮病逝於五丈原	時諸葛亮軍於渭水之南，魏軍諸將皆主張於渭河北岸駐紮以守之，司馬懿堅持在渭河南岸背水爲壘，曰：「百姓積聚皆在渭南，此必爭之地也」，又說：「亮若出武功，依山而東，誠爲可憂。若西上五丈原，諸將無事矣。」司馬懿料及謹慎的諸葛亮不致冒險出谷東進，必先上五丈原暫駐，故出語安撫將心。後亮果上五丈原，雍州刺史郭淮建言：「亮必爭北原，宜先據之。」眾議不然，淮復曰：「若亮跨渭登原，連兵北山，隔絕隴道，搖蕩民夷，此非國之利也。」司馬懿遂派郭淮屯北原。逢蜀漢兵至，郭淮逆擊退之。 後遣郭淮、胡遵共備陽遂，與亮會於積石。郭淮勇猛抗敵軍，斬五百級，穫生口千餘，降六百人，亮遭此重挫，不敢再探強攻戰略，大軍屯於五丈原，和懿對壘。	2月諸葛亮動員十萬人五伐中原，遣使約吳同舉，亦十萬人。諸葛亮並分兵屯田於駐軍之地，以解決如前數次出兵糧運不繼的問題。 4月攻五丈原不利，退守五丈原。 5月孫權入居巢蹠口（巢湖附近）向合肥新城，號眾十萬，又遣諸葛瑾、陸遜將兵入江夏、沔口，向襄陽。將軍孫韶、張承入淮，向廣陵、淮陰。 6月新城逢魏將滿寵，爲其所退。 8月蜀相諸葛亮病逝於五丈原，蜀兵退。	司馬懿渡渭河，在其南岸築深溝高壘，堅守不戰。與諸葛亮相持百日，逢諸葛亮病逝，司馬懿追至赤岸而還。
明帝青龍三年（235）	正月任大將軍司馬宣王爲太尉，累增封邑 皇太后郭氏殂，3月葬之。 曹叡大修宮殿動用民力。 7月洛陽崇華殿災，重建改名九龍殿。 8月立皇子曹芳爲齊王、曹詢爲秦王。 11月曹叡至許昌。 幽州刺史王雄使勇士韓龍，刺殺鮮卑軻比能，自是鮮卑部落離散，邊境遂安。	關東飢，天候不良造成關東大饑荒，成國渠發揮其功，司馬懿從長安運糧五百萬斛到關東救助飢荒。 蜀將馬岱入寇，司馬懿遣將軍牛金擊走之，斬千餘級。	4月，蜀漢以蔣琬爲大將軍、錄尚書事；費禕爲尚書令。 蜀將馬岱攻魏，爲魏將軍牛金擊走之，斬千餘級。	青龍五年3月改爲景初元年4月。 皇子曹芳、曹詢均爲曹叡養子。 10月，中山恭王曹袞卒。
明帝青龍四年（236）	4月氐族國王符雙率眾六千人投降，魏國西部完全平定。 10月曹叡還洛陽。	司馬懿部將穫白鹿，獻於曹叡說：「昔周公旦輔成王，有素雉之貢。今君受陝西之任，有白鹿之獻，豈非忠誠協符，千載同契，俾又邦家，以永嘯休邪！」	3月孫吳張昭卒。	5月，董昭卒。 12月，陳群卒。

明帝青龍四年（236）		12月魏廷下詔公卿舉「才德兼備」者各一人，司馬懿以兗州刺史王昶應。司馬懿長孫、司馬昭長子司馬炎出生		
明帝景初元年（237）	正月黃龍見，3月改元爲景初。 5月曹叡還洛陽。大赦。 6月以尚書令陳矯爲司徒、左僕射衛臻爲司空。 群臣上奏曹操、曹丕、曹叡廟號。 8月遼東公孫淵反，遣荊州刺史毌丘儉率諸軍及鮮卑、烏桓兵討之，屯於遼東南界，曹軍不利。公孫淵自立爲燕王，並誘鮮卑以擾曹魏北方邊境。 9月冀、兗、徐、豫州大水。 曹叡賜死毛皇后。 冬，搬遷長安鐘虡、駱駝、銅人、承露盤於洛陽，並役使群臣親自參與營建工程，群臣諫之，曹叡不聽。 曹叡深疾浮華，使散騎常侍劉劭作考課法。		8月蜀漢後主張后殂。 冬，孫吳諸葛恪至丹陽，並令吳郡、會稽、新都、鄱陽四郡各守邊安民。吳主嘉其功，封都鄉侯，屯駐廬江皖口。	6月，曹魏京都地震。 7月，陳矯卒。 出兵討公孫淵事，毌丘儉、衛臻皆上疏諫之，曹叡不聽。 冬，高堂隆卒。 劉劭作〈都官考課法〉72條，又作〈說略〉一篇。曹叡下詔由百官議。
明帝景初二年（238）	正月下詔司馬懿率眾討遼東太守公孫淵（文懿）反事。 2月以韓暨爲司徒。 8月司馬懿破襄平，斬淵，殺燕國公卿百官及兵民七千人。 11月以衛臻爲司徒、崔林爲司空。 12月曹叡不豫，立郭夫人爲皇后。疾篤，先以燕王曹宇爲大將軍，與夏侯獻、曹爽、曹肇、秦朗並輔政。後免之，以武衛將軍曹爽、太尉司馬懿代之。	司馬懿在長安得詔，將兵四萬討遼東。《晉書·宣帝紀》：「帝謂懿曰：『公孫淵將何計以待君？』對曰：『淵棄城豫走，上計也；據遼東拒大軍，其次也；坐守襄平，此成禽耳。』」司馬昭封新城鄉侯	公孫淵聞司馬懿出兵，求救於孫吳，孫吳靜觀不動。蜀漢立皇后張氏、劉璿爲皇太子。 9月孫吳改元赤烏。誅殺中書郎呂壹。 12月蜀漢蔣琬出屯漢中。	司馬懿出征，何曾建議建副佐。 4月，韓暨卒。
明帝景初三年（239）齊王芳即位	曹叡崩，遺詔大將軍曹爽、太尉司馬懿輔政。 加曹爽、司馬懿爲侍中、持節、都督中外軍事、錄尚書事，與曹爽共統兵3千人，共執朝政，更直殿中，乘輿入內 齊王芳即位	司馬師爲散騎常侍 正始初，司馬昭爲洛陽典農中郎將，後歷遷至散騎常侍。 詔太尉司馬懿爲太傅，入殿不趨，贊拜不名，劍履上殿，持節統兵，都督軍事如故，子弟三人列侯，四人爲騎都尉，司馬懿固讓子弟官不受		明帝崩，未改元，景初三年完，方改元正始 孫資、劉放舉爽代宇 正始中，曹肇卒。
齊王正始二年（241）	曹爽、夏侯玄征蜀，不利	司馬昭爲征蜀將軍		
齊王正始五年（244）				

齊王正始 六　　年 （245）	8 月，曹爽撤中壘、中堅營，並將司馬師軍隊屬曹羲。	司馬孚封長社縣侯，加侍中。 司馬師以功封長平鄉侯，尋加衛將軍，朝會不拜。（懿）固讓，加之九錫，增封縣，邑兩萬戶，奏事不名，固讓。	
齊王正始 八　　年 （247）	4 月，曹爽用何、鄧、丁之謀遷郭太后於永寧宮，專擅朝政，司馬懿稱病不出，暗中預謀政變	詔司馬懿乘輿升殿 司馬昭為安西大將軍，屯關中，後遷至安東大將軍，鎮許昌。	
齊王正始 十　　年 （249） 改元嘉平 元年	正月，高平陵事件：曹芳謁高平陵，曹爽與弟羲隨行，太傅司馬懿奏免爽、羲等官，以侯就第，後盡誅三族 3 月，以尚書令司馬孚為司空	司馬師為中護軍，與司馬孚屯司馬門，師陰養死士三千人以助之。		後全誅之，並夷三族 改正始為嘉平元年 晉在中領軍與中護軍之上置護軍將軍。 司馬望為司馬孚子，出繼為司馬朗之後，孚為懿弟。

徵引書目

一、史　料

1. 西漢・司馬遷，《史記》新校標點本。
2. 西晉・陳壽，《三國志》新校標點本。
3. 劉宋・范曄，《後漢書》新校標點本，附西晉・司馬彪《後漢書志》。
4. 劉宋・劉義慶撰、余嘉錫箋疏，《世說新語箋疏》（上海：上海古籍出版社，1993）。
5. 唐・房玄齡等，《晉書》新校標點本。
6. 唐・杜佑，《通典》（北京：中華書局，1984）。
7. 北宋・司馬光，《資治通鑑》（台北：天工書局，1988 再版）。
8. 清・萬斯同，《魏國將相大臣年表》，收錄在《二十五史補編》（台北：開明書局，1974）台三版、第 2 冊。
9. 清・萬斯同，《魏方鎮表》，亦收錄在《二十五史補編》第 2 冊。
10. 清・萬斯同，《三國職官志》，收錄在《後漢書三國志補表三十種》（北京：中華書局，1984）。

二、後人研究

（一）專　書

1. 清・王夫之，《讀通鑑論》（台北：里仁書局，1985）。
2. 洪順隆，《魏文帝曹丕年譜暨作品繫年》（台北：商務書局，1989）。
3. 楊鶴皋，《魏晉隋唐法律思想研究》（北京：北京大學出版社，1995）。
4. 萬繩楠，《魏晉南北朝史論稿》（安徽合肥：安徽人民出版社，1983）。

5. 萬繩楠整理，《陳寅恪魏晉南北朝史講演錄》（安徽合肥：黃山書社，1987）。

6. 羅宗強，《玄學與魏晉士人心態》（上海：浙江人民出版社，1991）。

7. （日）越智重明，《魏晉南朝の政治と社會》（東京：赤板印刷株式會社，1963）。

（二）論　文

1. 王永平，〈世族勢力之復興與曹叡顧命大臣之變易〉，《揚州大學學報：人文社科版》，1998·2。

2. 王夢鷗，〈從典論殘篇看曹丕嗣位之爭〉，《史語所集刊》51：1，1980。

3. 王曉毅，〈司馬懿與曹魏政治〉，《文史哲》1998：6。

4. 王曉毅，〈正始改制與高平陵政變〉，《中國史研究》1990：4。

5. 王曉毅，〈論曹魏太和“浮華案”〉，《史學月刊》1996：2。收錄在《魏晉南北朝隋唐史》複印報刊資料，1996：4。

6. 田余慶，〈曹袁之爭與世家大族〉，《秦漢魏晉史探微》（北京：中華書局，1993）。

7. 田余慶，〈漢魏之際的青徐豪霸〉，《秦漢魏晉史探微》。

8. 何冠彪，《生與死：明季士大夫的抉擇》第 1 章〈導論：殉國觀念的源流〉（台北：聯經出版社，1997）。

9. 余英時，〈名教危機與魏晉士風的轉變〉，《中國知識階層史論〈古代篇〉》。

10. 余英時，〈魏晉之際士之新自覺與新思潮〉，《中國知識階層史論〈古代篇〉》（台北：聯經出版社，1993）。

11. 吳慧蓮，〈曹魏的考課法與魏晉革命〉，《台大歷史學報》21，1997。

12. 宋德熹，〈中國中古門第社會史研究在台灣 —— 以研究課題取向為例（1949～1995）〉，《興大歷史學報》6，1996。

13. 李安彬〈司馬氏家族與曹魏政權關係之研究〉，中國文化大學史學研究所碩士論文，1997。

14. 清·王懋竑，《白田草堂存稿·魏志餘論》收錄在景印台大清乾隆刊本《清名家集彙刊》（台北：漢華文化，1972）。

15. 清·趙翼，《陔餘叢考》卷 17〈六朝忠臣無殉節者〉（日本京都：中文出版社，1979）點校本。

16. 清·顧炎武，《原抄本日知錄》卷 17〈兩漢風俗〉（台北：明倫出版社，1970），黃侃、張繼校勘、黃文珊點校、第三版。

17. 郭熹微，〈論魏晉禪代〉，《新史學》8：4，1997。

18. 陳啓雲，〈中國中古「士族政治」淵源考〉，《漢晉六朝文化·社會·制度 —— 中華中古前期史研究》（台北：新文豐出版社，1996）。

19. 陳啓雲,〈關於東漢史的幾個問題:清議、黨錮、黃巾〉,《漢晉六朝文化‧社會‧制度 —— 中華中古前期史研究》。

20. 景蜀慧,〈魏晉重實之風淺議〉,《文史哲》1993:3。

21. 楊耀坤,〈有關司馬懿政變的幾個問題〉,《四川大學學報》1985:3。

22. 劉顯叔,〈近六十年來國人對魏晉南北朝史的研究〉,《史學彙刊》4,1971。

23. 劉顯叔,〈論魏末政爭中的黨派分際〉,《史學彙刊》9,1978。

24. 蔡學海,〈近五年來(1987～1991)來,魏晉南北朝史研究報導〉,《中國歷史學會史學集刊》25,1993。

25. 盧建榮,〈魏晉之際的變法派及其敵對者〉,《食貨月刊》復刊 10:7,1980。

26. 錢穆,〈略論魏晉南北朝學術文化與當時門第之關係〉,《中國學術思想史論叢(二)》收錄在《錢賓四先生全集》(台北:聯經出版社,1998)第 19 冊。

27. 鄺士元,〈試論魏晉士風不競之成因〉,《魏晉南北朝研究論集》。

28. 鄺士元,〈魏晉門第勢力轉移與治亂關係〉,《魏晉南北朝研究論集》(台北:文史哲出版社,1984)。

附錄：從《晉書・石苞傳》看魏晉之際的君臣關係[*]

　　東漢延康元年（220）十月冬，魏王曹丕正式接受獻帝的禪讓，繼承帝位，改國號爲魏、改年號爲黃初元年，建立起後世俗稱的曹魏政權。在曹魏建國之後，劉備、孫權紛紛跟進，各自稱帝於蜀漢地區與江東地區，開啓了魏、蜀、吳三國鼎立的時代。然而，曹魏政權一方面結束了東漢政權的統治，另一方面也開啓統一帝國：晉朝的序幕。接受曹魏皇室禪讓的司馬氏，在政治上解決三國分裂的狀況，完成一統的功業，卻也埋下了日後五胡亂華、南北對立、政治秩序復歸於分裂的局面。值得注意的，在「禪讓」的美名之下，其實包藏著許多隱諱難言的人事變化，使得魏晉政權交替之際的政局，更加顯得幽影而不明。在現存的有限史料中，魏末晉初的石苞正好身逢魏晉之際的政局，在司馬氏政權的發展中貢獻過心力，因此筆者希望藉著對石苞的研究，得以一窺當時歷史發展的軌跡。

　　曹魏末年，曹魏皇權和司馬氏的關係日益緊張之際，出身於寒微的石苞憑藉著司馬師的提拔，逐漸步入政壇，成爲司馬氏政權的得力助手。在司馬師、司馬昭掌權的時代，石苞以軍事力量幫助司馬氏掃除反對者，成爲戍守淮南邊疆的主要將領。在魏晉禪代之際，石苞亦用力頗多，逼使曹魏最後一個皇帝將皇位讓給司馬昭的兒子司馬炎。西晉建國之後，爲司馬氏貢獻出一生的石苞，在晚年時卻被冠上意圖謀反的罪名，落得解職回京的下場。綜觀

---

[*] 本文原發表在《中國歷史學會史學集刊》32，2000。部份內容已做更動及增補。

石苞的一生，他的政治權力來自於司馬氏，也同樣失之於司馬氏。在得與失之間，牽涉到石苞與司馬氏之間的關係變化。相較於那些在政治上、軍事上，公開反抗司馬氏而被殺的朝臣、名士而言，一直效忠於司馬氏的石苞，他的獲罪顯得更加奇怪。石苞和司馬氏的關係，主要建立在曹魏皇權過度到司馬氏政權的背景上，也是魏晉時期君臣關係發展下的一個縮影。魏晉時期的君臣關係，也影響了整個魏晉政局的變化。因此，當我們關注於魏晉時期的歷史發展時，整個魏晉之際的變局，是否仍隱藏一些為後世所忽略的因素，都需要更進一步的分析與討論。

一、石苞其人、其事

　　石苞是曹魏末年、西晉初年崛起的政治人物。雖然他沒有像當時代的夏侯玄、何晏、羊祜等朝臣馳名於後世，但他的政治生涯發展和司馬氏的政治發展一直保有密切的關係，從司馬懿、司馬師、司馬昭父子，到第三代建立西晉的司馬炎都有密切的聯繫。在朝代更替的政治衝突中，石苞忠誠地為司馬氏服務，成為司馬師、司馬昭的心腹。石苞為司馬氏謀劃與執行政策，司馬氏並委予軍政大權。石苞一生的政治發展，實際上是魏末、晉初政治變動的縮影，也間接地呈現出司馬氏在政治上拓展勢力的過程。值得注意的是在這些政治變化中，石苞和司馬師、司馬昭之間行動上與心態上的互動。《晉書‧石苞傳》提到：

> 石苞字仲容，渤海南皮人也。雅曠有智局，容儀偉麗，不修小節。故時人為之語曰：「石仲容，姣無雙。」縣召為吏，給農司馬。會謁者陽翟郭信玄奉使，求人為御，司馬以苞及鄧艾給之。行十餘里，信玄謂二人曰：『子後並當至卿相。』…市長沛國趙元儒名知人，見苞，異之，因與結交。嘆苞遠量，當至公輔，由是知名。見吏部郎許允，求為小縣。允謂苞曰：『卿是我輩人，當相引在朝廷，何欲小縣乎？』苞還嘆息，不意允之知己如此也。稍遷景帝（司馬師）中護軍司馬，宣帝（司馬懿）聞苞好色薄行，以讓景帝。〔註1〕帝答曰：「苞雖細行不足，而有經國才略。夫貞廉之士，未必能經濟世務。是以齊桓忘管仲之奢僭，而錄齊匡合之大謀；漢高捨陳平之污行，

〔註1〕司馬懿後被封宣王、司馬師為景王、司馬昭為文王，西晉建立之後，追尊帝號為晉宣帝、景帝、文帝。

而取其六奇之妙算。苞雖未可以上儔二子，亦今日之選也。」意乃
釋。〔註2〕

石苞起於寒微，〔註3〕早年曾受縣吏召，擔任地方官吏。後與鄧艾同爲人御馬，並輾轉販鐵於鄴城市集。石苞出身雖然不佳，其才能卻爲郭信玄、趙元儒、許允等人所異，知名於世。「石仲容，姣無雙」一詞，「姣」字有美好之意，而時人還用「無雙」一詞來形容他，可以想見時人對石苞評價之高。〔註4〕其次，時人的稱讚中，可以發現石苞受到注目的原因，在於被視爲擁有擔任中央卿相的能力，即使是石苞對自己也有相同的認知。因此當石苞聽到當代名士許允的讚言之後，「苞還嘆息，不意允之知己乃如此」，顯現出石苞對自己的能力也相當肯定，並且早已確立日後的志向。

值得注意的事，是石苞在魏晉政治變局中崛起的過程。從本傳看石苞一生的政治發展，其政治生涯眞正發跡應該起於爲司馬師所任用，並擔任其下屬：中護軍司馬一職始。石苞後來轉任鄴城典農中郎將，由於當時曹魏的王公權貴大多移居於鄴城一帶，其中尤以尙書丁謐權勢最盛。石苞不畏丁謐的權貴，糾舉條例其不法的狀況，因此更以能事見稱於世。石苞歷任東萊、琅邪太守時，均以「威惠」著稱。曹魏齊王芳嘉平四年（253）正月，司馬師受命擔任大將軍輔政後，即以石苞、王基、州泰與鄧艾並典州郡，掌管州郡事務，〔註5〕這次的人事命令，顯示出石苞的政治才華深受司馬師的信賴。

除了政治上的表現外，石苞另一個發展仕途的重心，便是軍事。同年的十一月，魏廷下詔由司馬昭擔任監軍，統率由征南大將軍王昶、征東將軍胡遵、鎭南將軍毌丘儉等將所組成之大軍征孫吳。十二月，魏軍遭遇到吳大將軍諸葛恪的反擊，諸軍在東關大敗，其中唯有石苞全軍而退。

〔註2〕 新校標點本·《晉書》，卷33，〈石苞傳〉，頁1000～1001。

〔註3〕 根據柳春新的推論，石苞的生卒年約爲206～274，也就是說石苞是建安年間出生、黃初以後入仕的曹魏第二代官僚，文見柳春新，〈司馬氏"作家門"的歷史考察〉，頁197。柳氏一文收錄在《漢末晉初之際政治研究》（湖南：岳麓書社，2006）。

〔註4〕 這段記載也可以看出魏晉時期仍保有漢末品評人物之風，品評的對象，上自權貴子弟，下至販夫走卒，不因身分而有區別。

〔註5〕 《晉書》，卷2，〈景帝紀〉，頁26，「魏嘉平四年春正月，（司馬師）遷大將軍，加侍中，持節，都督中外諸軍，錄尙書事。命百官舉賢才，明少長，卹窮獨，理廢滯。諸葛誕、毌丘儉、王昶、陳泰、胡遵都督四方，王基、州泰、鄧艾、石苞典州郡，盧毓、李豐掌選舉，傅嘏、虞松參計謀，鍾會、夏侯玄、王肅、陳本、孟康、趙酆、張緝預朝議，四海傾注，朝野肅然。」

> 帝（司馬昭）指所持節謂苞曰：「恨不以此授卿，以究大事。」乃遷
> 苞爲奮武將軍、假節、監青州諸軍事。〔註6〕

司馬昭十分讚賞石苞優越的軍事能力，並委與軍事重任。日後，石苞即以所領的青州諸軍參與平定諸葛誕與東吳大將朱異、丁奉聯合叛亂事件。在壽春平定之後，石苞官拜鎮東將軍、假節，不久後又代王基都督揚州諸軍事。石苞掌控整個淮南地區的軍事部署，成爲守衛曹魏南方邊疆的領導人物。當魏晉禪代的關鍵，石苞與陳騫以言諷魏帝曆數已終，促成魏晉禪代的結果。當西晉建國之後，石苞仍然繼續掌有南方的邊防重任。

西晉建國之後，石苞以功遷大司馬、進封樂陵郡公、加侍中。自諸葛誕事件後，石苞便長期在淮南地區駐守。石苞本人既勤於庶事，加上以「威德」治理地方事務，深獲淮南地區人士的敬重，是以淮南地區的士馬日益強盛，石苞的聲勢也越來越大。〔註7〕在這種情況下，連西晉武帝司馬炎都開始懷疑石苞對司馬氏的忠誠度。先是，淮北監軍王琛私自上表給司馬炎，力言石苞與吳人私下交通，開啓司馬炎懷疑之心。其後，荊州刺史胡烈又上表言吳人有大舉入寇的軍事跡象，種種事機，加深司馬炎對石苞的懷疑，《晉書》提到：

> 淮北監軍王琛輕（石）苞素微，又聞童謠曰：「宮中大馬幾作驢，大石壓之不得舒。」於是密表苞與吳人交通。先時望氣者云「東南有大兵起」。及琛表至，武帝深疑之。會荊州刺史胡烈表吳人欲大出爲寇，苞亦聞吳師將入，乃築壘遏水以自固。帝聞之，謂羊祜曰：「吳人每來，常東西相應，無緣偏爾，豈石苞果有不順乎？」祜深明之，而帝猶疑焉。會苞子喬爲尚書郎，上召之，經日不至。帝謂爲必叛，欲討苞而隱其事。遂下詔以苞不料賊勢，築壘遏水，勞擾百姓，策免其官。遣太尉義陽王（司馬）望率大軍徵之，以備非常。又敕鎮東將軍、琅邪王（司馬）伷自下邳會壽春。苞用掾孫鑠計，放兵步出，往都亭待罪。帝聞之，意解。及苞詣闕，以公還第。苞自恥受任無效而無怨色。〔註8〕

其子石喬的傳附於石苞傳後，亦言：

> 帝既召喬不得，深疑苞反。及苞至，有慚色，謂之曰：「卿子幾破卿

〔註6〕《晉書》，卷33，〈石苞傳〉，頁1001。
〔註7〕《晉書》，卷33，〈石苞傳〉，頁1002。
〔註8〕《晉書》，卷33，〈石苞傳〉，頁1002。

門。」苞遂廢之，終生不聽仕。〔註9〕

石苞掌握了重兵，鎮守淮南邊疆以防禦東吳，亦因此而幾乎獲罪於晉武帝。綜觀整個事件的始末，石苞是否真有謀反的意圖，從史書上的記載來看並不明顯，也無從確知，然而司馬炎心裡的變化卻完整地被作者保留下來。先疑於王琛的密表，又逢荊州刺史胡烈上表吳軍企圖入侵，次聞石苞正整軍待敵，加強司馬炎疑石苞之心。雖然羊祜在朝中不斷勸戒司馬炎，亦不能稍減司馬炎之疑心。最後，司馬炎以石喬受召不至為藉口，派大臣率大軍至淮南地區收石苞的兵權。從司馬炎派遣大軍壓陣，並積極部署宗室的狀況來看，司馬炎認為石苞對其具有相當大的威脅。最後，石苞採用幕僚孫鑠的建議，在大軍將至之前，自解兵權以待罪，司馬炎方聞而意解之。因此，石苞在泰始四年（268）九月被徵還中央後，〔註10〕直到西晉泰始八年（272）逝世為止，再也沒有機會重掌淮南地區的軍權。不過，在石苞死後，司馬炎還為其發哀，賞賜豐厚的喪葬用品，以酬謝他對司馬氏貢獻出一生的歲月。

二、石苞與司馬氏

前文曾提到，司馬師在任用石苞為下屬時，面臨其父司馬懿的質疑。司馬懿以石苞好色、德行不足的理由來批評其子選才不當；然而，當司馬師遭受父親的批評時，卻堅持「苞雖細行不足，而有經國才略。夫貞廉之士，未必能經濟世務。」司馬師所強調的重點，在於石苞本人具備的經國才略與經濟世務的才能。〔註11〕這裡我們可以很清楚地看到司馬氏父子二代在用人觀念上的不同：司馬懿重德，有東漢末鄉黨清議的遺風；司馬師重才，有曹操用人「唯才是舉」的精神。〔註12〕司馬師很明白地指出：德行之人雖足以端

〔註9〕　《晉書》，卷33，〈石苞傳〉，頁1004。

〔註10〕　根據萬斯同，〈晉方鎮年表〉，可以看到石苞從泰始元年開始擔任揚州刺史，直到泰始四年九月才徵還中央。萬表收錄在《二十五史補編》（臺北：開明書局，1974），第三冊。

〔註11〕　柳春新即認為司馬師用人不拘出身的態度，頗有曹操「為才是舉」之風；其次，司馬師將石苞的「經國才略」與管仲、陳平的「經濟世務」相比較的說法，也呈現出司馬師殷切期望石苞能壯大自己的家族勢力。見柳氏，〈司馬氏"作家門"的歷史考察〉，頁191。

〔註12〕　新校標點本‧《三國志‧魏志》，卷1，〈武帝紀〉，頁32，十五年春，下令：「自古受命及中興之君，曷嘗不得賢人君子與之共治天下者乎！及其得賢也，曾不出閭巷，豈幸相遇哉？上之人不求之耳。今天下尚未定，此特求賢之急時也。『孟公綽為趙、魏老則優，不可以為滕、薛大夫』。若必廉士而後可用，

正風俗卻不足以治國經世。文中以管仲、陳平為例，明白提出作為一個明君，必須不以小惡而掩其能，方能成就霸王、帝王大業。對司馬師而言，石苞的才能雖不足以上比管仲、陳平之流，「亦今日之選也。」這段話，充分顯示出司馬師以現實政治的需要為主，而不以空泛的道德為準則，而是實際去考量當時政治上的需要來選材任人。換言之，司馬師的用人觀在才不在德。尤其是最末一句的「今日之選」，更突顯出司馬師正試圖為日後的政治佈局，預先選擇可為其所用的人才。

在聽完司馬師的解釋時，司馬懿的反應是「意乃釋」，這句話其實暗藏著許多玄機。首先，史書上並未明言司馬師何時被任命為中護軍，僅言司馬師在夏侯玄之後接任中護軍，然而這已經是正始年間、司馬懿開始輔政之後的事情。〔註13〕在魏明帝曹叡過世、司馬懿輔政之前，正史上幾乎看不到司馬師在政治上活動的身影。根據《晉書》的記載，司馬師受到曹魏明帝太和浮華案的影響，一直到齊王曹芳即位之後才被任命為散騎常侍。司馬師，字子元，史書上稱他「雅有風彩，沈毅多大略。少流美譽，與夏侯玄、何晏齊名。」〔註14〕夏侯玄、何晏是曹叡時代並稱的名士與當代學術思想的領袖，聲名甚著。《晉書》上說司馬師和夏侯玄、何晏兩人齊名，暫且不論《晉書》的說法是否有溢美之嫌，史書在論及參與太和浮華案的官宦子弟時，雖沒有提到司馬師的名字，然而從三人後來在曹叡時代的政治活動狀況，可以確定司馬師一樣受到浮華案的牽連，遭到曹叡的政治懲罰。〔註15〕《晉書·景帝紀》提到司馬師在曹魏仕途的發展，

則齊桓其何以霸世！今天下得無有被褐懷玉而釣于渭濱者乎？又得無盜嫂受金而未遇無知者乎？二三子其佐我明揚仄陋，唯才是舉，吾得而用之。」曹操「唯才是舉」深受世人批判，認為此舉敗壞東漢以來士風發展，事實上曹操此舉有其歷史背景上的需要，目的在破除東漢末年的浮華之風，曹操本身還是很重視德行。司馬師重才則是看重實際的功效，其動機和曹操不盡相同。（按：為行文之便，下文凡敘及《三國志·魏志》，皆書《魏志》。）

〔註13〕 根據柳春新的研究，夏侯玄在正始初年出任中護軍，為了增長曹爽的政治聲望，夏侯玄與曹爽在正始五年發動征伐蜀國的駱谷之役，夏侯玄於是轉任為征西將軍，假節都督雍州、涼州諸軍事。至於原本空缺的中護軍一職，則由司馬師接任，故司馬師任中護軍當在正始四、五年（243～244）之際。見柳氏，〈"正始黨爭"探賾〉，頁 167，收錄在《漢末晉初之際政治研究》。

〔註14〕 《晉書》，卷 2，〈景帝紀〉，頁 25。

〔註15〕 關於太和浮華案之分析，請參見王曉毅，〈論曹魏太和"浮華案"〉，《史學月刊》1996：2，收錄在《魏晉南北朝隋唐史》複印報刊資料，1996：4，頁 13～21。王氏在文中討論浮華案發生的原因、影響與歷史意義。王氏認為浮華風氣始於漢末人物品評的風潮，並將參與人物的活動分成三大類，即互相交

起於「魏景初中拜散騎常侍，累遷中護軍。」〔註16〕景初年間（237～239），是曹叡死前所使用的最後一個年號，曹叡於景初二年（238）十二月疾篤、死於景初三（239）年正月，由齊王芳繼位後，該年仍然沿用景初三年的年號，次年方改元爲正始元年（240）。這裡所提到的「魏景初中拜散騎常侍」的景初當指齊王繼位之後。同事參見《晉書》的記載，文曰：

> 及齊王即帝位，（司馬懿，即宣帝）遷侍中、持節、都督中外諸軍、錄尚書事，與（曹）爽各統兵三千人，共執朝政，更直殿中，乘輿入殿。爽欲使尚書奏事先由己，乃言於天子，徙帝爲大司馬。朝議以爲前後大司馬累薨於位，乃以帝爲太傅，……以世子（司馬）師爲散騎常侍，子弟三人爲列侯，四人爲騎都尉。帝固讓子弟官不受。
> 〔註17〕

司馬懿是曹魏對蜀漢作戰的重要將領之一，功績顯赫，以善戰聞名於魏廷，是曹丕、曹叡二朝的重要輔臣、將領，並連續擔任曹叡、曹芳二朝的顧命大臣。然而身爲司馬懿嗣子的司馬師，被朝廷受命爲散騎常侍，卻遲至曹芳即位之後，相當地不合常理。司馬師生於東漢獻帝建安十四年（209），官拜散騎常侍時已經三十餘歲。相較於和司馬師齊名的夏侯玄，司馬師步入仕途的時間顯得特別晚。〔註18〕因此從司馬師眞正步入政治仕途的時間來看，司馬師雖是重臣之後，亦不能倖免於此次的政治風暴外。

在高平陵事件前夕，司馬師仍然擔任中護軍一職。根據《晉書》的記載，正始六年（245），「曹爽毀中壘中堅營，以兵屬其弟中領軍（曹）羲。帝以先帝舊制禁之，不可。」〔註19〕正始年間的政局，初期主要由司馬懿和曹爽兩人以大將軍輔政，各領兵三千人，並都督中外諸軍事。至於關係中央安危的禁衛軍，則由曹羲、司馬師分任中領軍與中護軍。表面上看來，這樣的安排，可以達到權力均衡的局面，然而正始六年曹爽的行動，無疑破壞了雙方權力

遊、品評人物、探討社會政治與宇宙人生哲學。根據王氏的研究，主要參與人物幾乎都是曹魏官僚重臣的第二、三代子弟及新一代的官員，故引起朝中舊臣與皇帝的注意。劉顯叔則認爲浮華交遊的風氣始自東漢末年的政治清議風氣與反抗宦官的鬥爭。見劉氏，〈論魏末政爭中的黨派分際〉，《史學匯刊》9，1978，頁17～46。

〔註16〕《晉書》，卷2，〈景帝紀〉，頁25。
〔註17〕《晉書》，卷1，〈宣帝紀〉，頁13。
〔註18〕夏侯玄弱冠時繼承父親夏侯尚的爵位，太和初年即擔任散騎黃門侍郎一職。
〔註19〕《晉書》，卷1，〈宣帝紀〉，頁13。按：此處的「帝」當指司馬懿。

的平衡點，加深曹爽與司馬氏的衝突，終於演變成司馬懿稱病不問政事的結果。〔註 20〕因此，史書上雖然沒有指出石苞何時擔任司馬師的下屬，但以司馬氏和曹爽的衝突來看，當在正始六年至正始十年之間。這段時間雙方政治衝突越來越多，正是需要拉攏可用人才的非常時期，面對如此危急的局勢，司馬懿的「意乃釋」不是沒有道理的。

其次，在石苞崛起的過程中，值得注意的是他曾經參與的歷史事件，及隱含在背後的政治意義。東關之役，司馬師以母弟司馬昭擔任征吳大軍之統帥，在東關軍事狀況不利回軍後，《漢晉春秋》提到：

> 毋丘儉、王昶聞東軍敗，各燒屯走。朝議欲貶黜諸將，景王曰：「我
> 不聽公休（諸葛誕），以至於此。此我過也，諸將何罪？」悉原之。
> 時司馬文王為監軍，唯削文王爵而已。是歲，雍州刺史陳泰求敕并
> 州併力討胡，景王從之。未集，而雁門、新興二郡以為將遠役，遂
> 驚反。景王又謝朝士曰：「此我過也，非玄伯（陳泰字）之責！」於
> 是為人愧悅，人思其報。〔註 21〕

司馬師於齊王芳嘉平三年（252）七月接替父親司馬懿輔佐齊王的重責大任，以衛將軍轉任撫軍大將軍輔政、錄尚書事；嘉平四年（253）正月，復遷大將軍。該年年底即逢東關之敗及雁門、新興二郡驚反事件。這兩個不同的事件，司馬師的對應態度卻相當地一致。首先，即是責任的歸屬問題。這兩次的失敗，是屬於軍事行動中所出現的問題，司馬師卻把其歸罪於自己政治上的錯誤。把下屬的軍事過失轉變成自己的政治責任上的過失，表面上自承錯誤以保全下屬的地位與面子，實際上卻也收到居上位者謙沖下人的效果，頗有漢代帝王逢天災而下詔罪己的政治意味。雖然把錯誤歸於自己的決策，並以削司馬昭爵位作為自己決策錯誤的代價，實際上反而提高自己的聲望、收攬人心，增加時人的好感，減少對其執政的不滿。是以習鑿齒在論及這兩件史事時，亦稱讚司馬師罪己之言「可謂智矣。」〔註 22〕姑且不論這兩件軍事策略的規劃與進行，是否真在司馬師的授意下實行，司馬師究竟該負哪些政治責任等等，都不見朝臣討論。這樣的罪己行為其實充滿了濃厚的政治秀意味，

〔註 20〕關於雙方的衝突，盧建榮〈魏晉之際的變法派及其敵對者〉一文中，對於雙方集團的政治資源、軍事實力，有相當深刻的分析。全文收錄在《食貨月刊》復刊，10：7，頁 271～292。

〔註 21〕《魏志》，卷 4，〈三少帝紀〉，頁 125，裴注。

〔註 22〕《魏志》，卷 4，〈三少帝紀〉，頁 125，裴注。

至於軍事上的失敗，眞正原因爲何？反而不是大家所關注的重點。

同樣以收攬人心爲目的的策略，亦可在司馬昭執政的時候看到。在司馬昭親自都督中外諸軍，平定淮南諸葛誕、文欽、唐咨叛亂的軍事行動結束後，有論者建議司馬昭爲了免除後患，宜坑殺東吳降兵，史曰：

> 及破壽春，議者又以爲淮南仍爲叛逆，吳兵室家在江南，不可縱，宜悉坑之。大將軍（司馬昭）以爲古之用兵，全國爲上，戮其元惡而已。吳兵就得亡還，適可以是中國之宏耳。一無所殺，分布三河近郡以安處之。〔註23〕

至於被生擒的唐咨，爲了顯示寬大的胸襟，司馬昭則：

> 拜（唐）咨安遠將軍，其餘裨將咸假號位，吳眾悅服。江東感之，皆不誅其家。其淮南將吏士民諸爲（諸葛）誕所脅略者，爲誅其首逆，餘皆赦之。聽（文）鴦、虎收斂欽喪，給其車牛，致葬舊墓。
>
> 〔註24〕

雖然是兩種截然不同的政治與軍事狀況，實際上都達到在政治上達到收攬人心的作用。因此習鑿齒論及此事，即言：

> 自是天下畏威懷德矣。君子謂司馬大將軍於是役也，可謂能以德攻矣。夫建業者異矣，各有所尚，而不能兼并也。……而未及安坐，喪王基之功，種惠吳人，結異類之情，寵駕葬欽，忘疇昔之際，不咎誕眾，使揚士懷愧，功高而人樂其成，業廣而敵懷其德，武昭既敷，文算又洽，推此道也，天下其孰能當之哉？」〔註25〕

無論軍事行動的成敗與否，都可以轉作爲政治上的利器，以收攬人心，可見得司馬氏有計畫地收攬人心，利用輿論，爲自己建立更強固的政治地位。在司馬懿時代是如此，接續其後的司馬師、司馬昭亦是如此，逐漸累積司馬氏的政治發展資本。司馬師、司馬昭一方面收攬天下人心，一方面卻又積極地延攬肯爲己所用的人才，排擠異己勢力，而石苞就是在這樣的政治需求中崛起。司馬師因石苞之經國之才而用之，不計其小過；司馬昭亦言「恨不以此授卿，以究大事。」後授與統帥諸軍的大任，成爲司馬氏勢力發展時的主要支持與推動者之一。石苞的政治地位變化，實際上隱含了司馬氏父子在曹魏

〔註23〕《魏志》，卷28，〈諸葛誕傳〉，頁773～774。

〔註24〕《魏志》，卷28，〈唐咨傳〉，頁774。

〔註25〕《魏志》，卷28，〈唐咨傳〉，頁774，裴注。

政治中的謀劃與安排，甚至是魏晉朝代更替中的關鍵人物。此外，從石苞在魏晉之際的崛起、任用、懷罪去職等政治活動，也對應出由輔政大臣的地位逐步專權，最後並走向皇權的西晉奠基者司馬懿、司馬師、司馬昭等人心態上與行事上的變化。

三、司馬氏的政治佈局

石苞以出身寒微、名聲不佳的情況下為司馬師所拔用，並被任命為中護軍司馬，進而典掌州郡事務，成為司馬氏建國的大功臣。然而，石苞的寒微身份，讓石苞深刻體會到唯有司馬氏的提攜，未來才有機會在政治上一長長才。因此，石苞和司馬氏兩者是處於互相利用、互相幫助的角色。在東漢門生故吏想法的影響下，身為司馬氏故吏的石苞成為司馬氏最可能運用的人力資源；相較於其他接受司馬氏任命的政治人物而言，石苞對司馬氏政治勢力的威脅也最小。在嘉平四年司馬師擔任大將軍輔政時，下令百官舉用賢才，並整理堆積未決的政事與民政。司馬師任用諸葛誕、毌丘儉、王昶、陳泰、胡遵都督四方邊疆，王基、州泰、鄧艾、石苞典掌州郡事務，盧毓、李豐掌人才選舉，傅嘏、虞松參計謀，鍾會、夏侯玄、王肅、陳本、孟康、趙酆、張緝預朝議。

在這次的任命中，不乏許多魏晉之際重要的政治人物及曹叡時代的舊臣宿將，如中書令李豐與曹魏宗室之夏侯玄，兩人並有當朝名士之稱；張緝則為齊王曹芳之丈人，與皇室關係深遠；諸葛誕、毌丘儉則是長年典掌邊疆重兵的封疆大吏。鄧艾、鍾會更是日後平定蜀漢的重要將領。顯見得這一次的任命中，司馬師必有相當多的考量。在他所任用的中央執政大臣中，首先保存了曹魏宗室、外戚及原本任職於魏廷的重臣參政的權力；另一方面他也試著籠絡、安撫原本即已有掌握邊疆軍權的將領；次外，司馬師大舉起用寒微出身者如石苞、鄧艾、州泰、孟康等人進入中央政局，負責掌典州郡和擔當軍職。〔註26〕其後

〔註26〕　柳春新認為司馬師初掌國政，政治資歷及聲望皆不如其父司馬懿，加上司馬氏政治根基尚淺，故司馬師以「穩定」為施政方針，一方面拒絕"改易制度"，另一方面則保存曹魏時代的宗室、外戚及舊臣參政的權力。文見柳氏，〈司馬氏"作家門"的歷史考察〉，頁183。然而，誠如柳春新的觀察，司馬師的「穩定」只是過度性的政策。司馬師一方面引介寒微出身者進入曹魏中央任職，甚至掌握州郡事物；另一方面，則改革軍事，對內削減曹氏宿衛兵力，對外則削弱外鎮兵，把軍權及兵力集中在自己的手上，強大的軍事實力成為司馬氏做家門的最好依靠。頁187。

夏侯玄、張緝、李豐於正元元年（254）爲司馬師所誅；〔註27〕諸葛誕、毌丘儉則接續於王凌之後，舉兵反抗司馬氏，釀成曹魏末年著名的「淮南三叛」，最後爲司馬師、司馬昭兄弟所討平；〔註28〕而鄧艾、鍾會則在完成平定蜀漢的功業後，皆以謀反的罪名受誅。〔註29〕司馬氏勢力日益茁壯的情況下，原本在曹魏中央接受任命的執政核心幾乎消耗殆盡，所殘留的大臣從此僅能以司馬氏的指令爲行事依據，石苞就是一個很明顯的例子。然而，即使如此忠心於司馬氏的石苞，在西晉初年卻因司馬炎的懷疑與猜忌，而被迫去職。〔註30〕

　　整體來說，石苞之崛起、獲罪關鍵均在於一個「疑」字。由於司馬師、司馬昭視其有助於司馬氏的政治發展，故不疑之；而司馬炎則是認爲他所掌握的實力足以危害到司馬氏立國的根本，故疑之。前後態度的不同即在於石苞長期掌握戍守淮南的重任，而他在任內又以威惠著稱。曹魏時期著名的「淮南三叛」：王凌、毌丘儉、諸葛誕等人，均曾戍守於淮南，成爲駐守邊疆的重要將領，另一方面，他們都曾經把淮南、豫州地區作爲反抗司馬氏的根據地，

〔註27〕《晉書》，卷2，〈景帝紀〉，頁27，「正元元年（254）春正月，天子與中書令李豐、后父光祿大夫張緝、黃門監蘇鑠、永寧署令樂敦、冗從僕射劉寶賢等謀以太常夏侯玄代帝輔政。帝密知之，使舍人王羨以車迎豐。豐見迫，隨羨而至，帝數之。豐知禍及，因肆惡言。帝怒，遣勇士以刀鐶築殺之。逮捕玄、緝等，皆夷三族。」正元元年即齊王曹芳嘉平6年，李豐、張緝死後，司馬師藉郭太后令廢了曹芳，改立魏明帝曹叡弟曹霖子、高貴鄉公曹髦爲帝，並改年號嘉平爲正元元年。

〔註28〕正元二年（255）鎮東大將軍毌丘儉、揚州刺史文欽矯魏永寧太后（郭太后）令，移檄郡國以討司馬師，司馬師親征平定之，但其在戰勝後亦以病崩，由司馬昭接替輔政大權。高貴鄉公甘露二年（257）鎮東大將軍諸葛誕殺揚州刺史樂琳，以淮南作亂，司馬昭奉天子及太后東征，平定之。王凌則是司馬懿於魏齊王嘉平三年（251）所討平。三者皆曾鎮守淮南，後以淮南爲軍事根據地，作爲反對司馬氏的大本營，故史稱「淮南三叛」。正因爲淮南地理地位的特殊性，故司馬昭軍事上平定諸葛誕時，復以德來平服淮南軍民。見注20。

〔註29〕魏常道鄉公曹奐景元四年（263）秋，魏發軍征蜀，大將軍司馬昭皆親指授節度，以鄧艾、鍾會分兵入蜀。蜀漢後主劉禪遣使奉皇帝靈綬，向鄧艾請降。鍾會至成都後，誣言鄧艾欲反，囚車送艾回魏後，並與蜀降將姜維作亂，爲監軍衛瓘等所平定，鄧艾亦被其所誅。

〔註30〕郭熹微曾經就魏晉禪代之際的政局，發表〈論魏晉禪代〉一文。作者在文中指出司馬氏能夠成功的原因，在於曹魏本身存在的各種衝突，如君臣間的矛盾、君主與宗室的矛盾等等。這些矛盾在魏明帝拖孤一事上表現出來，給予司馬氏奪權的機會。其次，文中並針對曹爽集團與司馬懿爭權一事，提出評價。作者認爲曹爽對曹魏皇權而言，也是異己勢力，因此排斥其他宗室參政，反而讓皇權更加孤立。全文收錄在《新史學》8：4，頁38～78

使得司馬氏特別注意淮南地區的安危，最後，把戍守淮南的重責大任，交給深受司馬氏信任的石苞來負責。〔註31〕不過，石苞雖然得到司馬師、司馬昭的重用，並委以淮南兵權，同樣地，因為他在戍守的淮南地區建立起個人的威望，就難免招致西晉武帝司馬炎的懷疑了。

除了石苞差點因疑致禍外，在魏晉之際的政局中，同樣以「疑」得罪於司馬氏，甚至被殺者，亦不乏其人。〔註32〕《晉書・劉頌傳》提到：「文帝辟為相府掾，奉使于蜀。時蜀新平，人饑土荒，頌表求振貸，不待報而行，由是除名。」〔註33〕劉頌即是在未獲得司馬昭的許可下，先行救濟蜀漢人民而獲罪。征蜀將領鄧艾則是另一個有名的例子。鄧艾被誅的關鍵，在於其未先獲得司馬昭的授權，即自行承制拜蜀漢君臣為魏王官。《魏志・鄧艾傳》提到：

> 艾至成都，……輒依鄧禹故事，承制拜（劉）禪行驃騎將軍，太子奉車、諸王駙馬都尉。蜀群司各隨高下拜為王官，或領艾官屬。……文王使監軍衛瓘喻艾曰：「事當須報，不宜輒行。」艾重言曰：「銜命征行，奉指授之策，元惡既服；至於承制拜假，以安初附，謂合權宜。今蜀舉眾歸命，地盡南海，東接吳會，宜早鎮定。若待國命，往復道途，延引日月。春秋之義，大夫出疆，有可以安社稷，利國家，專之可也。今吳未賓，勢與蜀連，不可拘常以失事機。」〔註34〕

〔註31〕《魏志》卷28，以王凌、毌丘儉、諸葛誕三人同傳，〈魏志・王凌傳〉，頁757，「仍徙為揚、豫州刺史，咸得軍民之歡心。…及臨兗、豫，繼其名跡。正始初，假節都督揚州諸軍事。」毌丘儉早期雖起於幽州、遼東為軍事行動，本傳言其：「後遷左將軍，假節監豫州諸軍事，領豫州刺史，轉為鎮南將軍。諸葛誕戰於東關，不利，乃令誕、儉對換。誕為鎮南，都督豫州。儉為鎮東，都督揚州。」頁763。又，〈魏志・諸葛誕傳〉，頁770～773，「誕既與（夏侯）玄、（鄧）颺等至親，又王凌、毌丘儉累見夷滅，懼不自安，傾帑藏振施以結眾心，厚養親附及揚州輕俠者數十人為死士。……誕麾下數百人，坐不降見斬，皆曰：『為諸葛公死，不恨。』其得人心如此。」因此司馬昭平定諸葛誕後，不以德服淮南將史、士眾，無法得其效忠之心。故習鑿齒謂其「以德攻」。
〔註32〕在《晉書》，卷6，〈元帝紀〉，頁157～158，記載了一段故事，即「初，玄石圖有『牛繼馬後』故宣帝深忌牛氏，遂為二榼，共一口，以貯酒焉，帝先飲佳者，而以毒酒鴆其將牛金。而恭王妃夏侯氏竟通小吏牛氏而生元帝，亦有符云。」這樣的說法有點荒誕不經，除了直指司馬懿的疑心外，也間接醜化了東晉朝廷的形象。然而從這段記載可以得知從司馬懿時代，即開始提防對其家族勢力發展有威脅性的人，只要有可能性的，即不惜使用計謀除之，此段記載也帶有因果報應的意味。
〔註33〕《晉書》，卷46，〈劉頌傳〉，頁1293。
〔註34〕《魏志》，卷28，〈鄧艾傳〉，頁779～780。

從司馬昭使衛瓘勸鄧艾「事當須報，不宜輒行」一言即可以得知司馬昭相當
忌諱下屬未先上報而自行的狀況。然而，在司馬昭的授意下，率大軍征蜀的
鄧艾卻以安撫新附地區的臣民為優先考量的重點。因此，鄧艾在未經過司馬
昭本人的同意下，直接以魏廷的名義拜蜀漢君臣以魏官，甚至有蜀漢官員被
任命為鄧艾的私人下屬。鄧艾的任命屬於軍事與政治上的權宜之策，但對於
掌握曹魏大權的司馬昭而言，鄧艾此行無疑是對其權威的正面挑戰，是以鍾
會、胡烈、師纂等將上表言鄧艾「所作悖逆，變釁以結」時，〔註35〕司馬昭
即以詔書拘拿鄧艾父子回魏廷問罪，而不問此消息的眞假。簡而言之，鄧艾
是否眞有反狀，並不是司馬昭所關心的焦點，如何利用鄧艾的事件，建立起
君臣上下一致、凡事上報、唯司馬氏是從的政治體系，才是司馬昭著眼的關
鍵。至於鄧艾是否有冤屈，並不是司馬昭考量的重心。此外，與鄧艾相關的
史料中，留下許多耐人尋味的記載，也間接透露出司馬昭對於下屬、群僚的
看法。。

　　《魏志》把鄧艾和鍾會列於同傳以敘述，其中包留了司馬昭對於鄧艾、
鍾會前後謀反事件的態度，尤其是司馬昭與邵悌之間的對話：

> 初，文王欲遣（鍾）會伐蜀，西曹屬邵悌求見曰：「今遣鍾會率十餘
> 萬眾伐蜀，愚謂會單身無重任，不若使餘人行。」文王笑曰：「我寧
> 當復不知此耶？……惟鍾會與人意同，今遣會伐蜀，必可滅蜀。滅
> 蜀之後，就如卿所慮，當何所能一辦耶？凡敗軍之將不可以語勇，
> 亡國之大夫不可與圖存，心膽以破故也。若蜀以破，遺民震恐，不
> 足以圖事；中國將士各自思歸，不肯與同也。若作惡，祇自滅族耳。
> 卿不須憂此，慎莫使人聞也。」及會白鄧艾不軌，文王將西，悌復
> 曰：「鍾會所統，五六倍于鄧艾，但可敕會取艾，不足自行。」文王
> 曰：「卿忘前時所言耶？而更云可不須行乎？雖爾，此言不可宣也。
> 我要自當以信義待人，但人不當負我，我豈可先人生心哉！近日賈
> 護軍問我，言：『頗疑鍾會不？』我答言：『如今遣卿行，寧可復疑
> 卿耶？』賈亦無以易我語。我到長安，則自了矣。」〔註36〕

司馬昭與邵悌的對話，顯示司馬昭對整個局勢的了解與掌握，特別是在他所
任用的將領人選上，將領出征可能導致的後果，均在司馬昭的預測與掌握中。

〔註35〕《魏志》，卷28，〈鄧艾傳〉，頁780。
〔註36〕《魏志》，卷28，〈鍾會傳〉，頁793～794。

因此當邵悌勸戒派遣鍾會出征有潛在的危險性時，司馬昭僅僅要求其莫對他人言及此事。當司馬昭以處理鄧艾案爲名、親自率軍西行時，除了證明司馬昭對於鍾會早有戒心與防備外，兩次要求邵悌不可洩漏的態度正表現出司馬昭的「疑心」。値得注意的是，雖然司馬昭對於其所任用之人懷有疑心與戒心，在對司馬氏勢力仍有利的情況下，仍然會表現出信任的態度。司馬昭與賈充之間的對話，就是一個很好的例子，「如今遣卿行，寧可復疑卿耶？」一言，充分顯示司馬昭不管對於所採用的人才是否存有疑慮，仍然會公開地表現出信任的態度。賈充臨行前一言，足以提醒賈充在外不得自專；與邵悌之間的密語不宣於外，則足以啓鍾會無備之心。故而鍾會獲知賈充已先率前軍入斜谷、屯駐樂城，而司馬昭本人則親率大軍屯於長安，聲言欲助其收鄧艾的消息時，不禁驚呼：「今來大重，必覺我有異矣。」〔註 37〕對應於司馬昭的從容行動，鍾會在倉促間起事的狼狽，反而顯示出其對司馬昭的無備。鍾會是個對自己的謀略相當有自信的人，甚至自言其：「自淮南以來，畫無遺策，四海所共知也。」〔註 38〕如此聰明自信的鍾會，卻沒有想到司馬昭對自己早有戒心，更沒有想到自己的每一個步驟，都在司馬昭的預期範圍中，逐步邁向滅亡之路。隨著征蜀行動的成功，司馬昭不僅僅消滅了外在蜀漢政權的威脅，也藉機解決了內在鄧艾與鍾會擁兵過重所隱含的軍事威脅。〔註 39〕

四、魏晉之際的變局

因此，從石苞和時人的政治經歷來看，「用不疑之人、疑而不用則誅」可以說是司馬氏用人的最高原則。事實上，司馬昭對臣下的猜疑與誅戮，可以往前追溯到司馬懿、司馬師掌權時代。司馬懿和司馬師在掌握大權之後，同樣大肆

〔註 37〕《魏志》，卷 28，〈鍾會傳〉，頁 792，「（鍾）會得文王書云：『恐鄧艾或不就徵，今遣中護軍賈充將步騎萬人徑入斜谷，屯樂城，吾自將十萬屯長安，相見得近。』會得書，驚呼所親語之曰：『但取鄧艾，相國知我能獨辦之；今來大重，必覺我異矣，便當速發。』」按：這段記載，除了顯示出鍾會對司馬昭的謀略與規劃一無所知、毫無防備之外，也映證了司馬昭的觀察，即「敗軍之將不可以語勇，亡國之大夫不可與圖存；中國將士各自思歸，不肯與同也。若作惡，祇自滅族耳。」司馬昭的大軍尚未到西安，鍾會和姜維已被魏兵所殺，果如司馬昭所料。

〔註 38〕《魏志》，卷 28，〈鍾會傳〉，頁 792。

〔註 39〕鄧艾的事件，是魏末晉初的重要政治案件。鍾會誣陷鄧艾，導致鄧艾被殺的記載，並不足以解釋所有的狀況，其中還包含許多複雜的因素及歷史背景。限於篇幅，筆者存而不論。

誅殺那些可能威脅到其政權的人。如李豐擔任中書令時，曾經數次和齊王曹芳密談，大將軍司馬師在屢次詢問內容不得之後，憤而殺之。〔註40〕司馬氏對臣下的猜疑，並非毫無緣由。《晉書》提到西晉泰始年間，時人歌謠「賈、裴、王，亂紀綱。王、裴、賈，濟天下」〔註41〕。這段歌謠，主要是指曹魏功臣子弟亡魏成晉的事實。除了曹魏新一代的官僚對魏晉禪代的推動外，曹魏朝中老臣亦不乏在朝代更替中用力頗深的人。高平陵事件中，老臣高柔、王觀分別以行大將軍、行中領軍佔據曹爽、曹羲軍營，在盧毓、孫禮、傅嘏、孫資、劉放等臣僚的贊助、默許下，終於造就了魏晉禪代的結果。〔註42〕郭熹微即認為魏晉禪代的歷史事件造就當時名士的「容身保位，坐觀得失」觀念的盛行，影響漢末到魏晉之際士大夫的名教觀念，尤其是「忠」的觀念每下愈況。〔註43〕然而，曹魏群臣在魏晉禪代中的自保心態，其實是殘存自漢末士人面對漢魏禪代之際的自保心態。曹魏建國後的建安、黃初名臣，更是不乏漢魏禪代之際、改節事魏的漢臣。是以，魏明帝曹叡時代，曹魏朝臣間瀰漫著一股自保、自利的風氣，這股風氣讓曹叡不斷猜疑朝臣進諫的動機，也導致曹叡日後在託孤問題上的徬徨無依。然而，導致曹魏末年曹魏皇室徬徨無依的因素，更多則是來自於時人的政治態度，特別是對於朝代更替的認知。〔註44〕

後世史家在論及魏晉禪代的問題時，常常會對當時的臣僚行事頗多責難。如清代士人王夫之認為曹魏群僚自保的心態，早已存在於當時的官僚文化之中。清初顧炎武則認為東漢自光武表彰氣節後，風俗一變為醇美，節義之衰則始於東漢儒者蔡邕仕於董卓時。〔註45〕然而，曹魏群臣的心態，代表

〔註40〕《魏志》，卷9，〈夏侯玄傳〉，頁301，裴注引《魏略》，提到：「豐為中書二歲，帝比每讀召與語，不知所說。景王知其議己，請豐，豐不以實告，乃殺之。」

〔註41〕《晉書》，卷40，〈賈充傳〉，頁1175。

〔註42〕王懋竑在其《白田草堂存稿·魏志餘論》中，即言：「懿之篡魏，劉放、孫資導之於前，而高柔、王觀、孫禮、盧毓與傅嘏助之於後，俱有力焉。不獨賈充、陳騫之儔也。」頁13A，收錄在景印臺大清乾隆刊本《清名家集彙刊》（臺北：漢華文化，1972）

〔註43〕郭熹微，〈論魏晉禪代〉，頁63～66。

〔註44〕關於曹魏末年的政治發展，筆者曾經在碩士論文中，針對曹叡與時人的心態來分析，詳見筆者〈魏明帝曹叡之朝政研究〉，國立清華大學歷史研究所碩士論文，1999。

〔註45〕顧炎武在《日知錄》（臺北：明倫出版社，1970），卷17，〈兩漢風俗〉中，對蔡邕仕於權臣董卓一事，譏評不已。認為「東京之末，節義衰而文章盛，自

瀰漫於整個魏晉南北朝的政治風氣。東漢臣僚轉而仕於新興的曹魏政權，曹魏群僚及其子弟又轉而侍奉興起的司馬氏政權，在東晉南朝的政治變動，並沒有重新建立一個新的官僚階層，只改了國號、年號，掌握仕宦特權的世家大族依舊出仕入宦。清儒趙翼在《陔餘叢考》中，針對魏晉之際的歷史發展，提出「六朝忠臣無殉節者」的現象，文曰：

> 蓋自漢魏易姓以來，勝國之臣，即為興朝佐命，久以習為固然。其視國家禪代，一若無與於己，且轉藉為遷官受賞之資，故偶有一二者舊，不忍遽背故君者，即已嘖嘖人口，不必其以身殉也。〔註46〕

然而趙翼在批評六朝臣僚的心態之餘，卻指出從六朝到隋唐時代，其實並未存在殉節的習俗和風氣，一直要到宋代士大夫開始重視節義之後，才開始有轉變。趙翼認為整個風俗的轉變，關鍵就在於詩書對人心的教化功效，以及「儒學昌明，人皆相維以禮義而不忍背」。〔註47〕趙翼的說法，呈現出清代士人對儒家教化功能的肯定，卻也表達出魏晉至明清的士人，在思想認知上的不同。在後人的譏評中，魏晉士人對於朝代更替的真正想法反而顯得幽隱不明了。

對照於漢魏之際士人和史家的記載和評論，不難發現魏晉時人和後人思想上的差異。《三國志》裴注中，保留了時人陳壽、裴松之、習鑿齒、孫盛等史家對曹魏臣僚的看法。陳壽在傳末論及歷仕漢、魏二朝的鍾繇、華歆、王朗、王肅等人的行事時，提到：

> 鍾繇開達理幹，華歆清純德素，王朗文博富贍，誠皆一時之俊偉也。…
> 王肅亮直多聞，能析薪哉！〔註48〕

蔡邕始。…士君子處衰季之朝，常以負一世之名，而轉移天下之風氣者。」頁378。顧氏認為東漢自光武表彰氣節之後，士風家法為之淳美。是以經東漢末年之動盪，東漢皇室的名義仍可維持不墜。而東漢節義之風的衰微，始自蔡邕，又經曹操、正始名士的推波助燃後，風俗又為之一變，流風不再。關於顧氏的說法，近人鄺士元在〈試論魏晉士風不競之成因〉一文中，認為其批評蔡邕過苛。鄺氏認為漢魏士人風氣的轉變，有其歷史背景的淵源，而非個別儒生所能為者。全文收錄在《魏晉南北朝研究論集》（臺北：文史哲出版社，1984），頁1～27。值得一提，鄺氏在考察蔡邕的行事時，注意到漢代儒生對於國家的觀念，認為東漢節義之衰，肇始於漢世經學的流變，給予篡奪者合法的依據。

〔註46〕 點校本‧趙翼，《陔餘叢考》，卷17，〈六朝忠臣無殉節者〉（日本京都：中文出版社，1979），頁323。

〔註47〕 《陔餘叢考》，卷17，〈六朝忠臣無殉節者〉，頁324。

〔註48〕 《魏志》，卷13，頁422～423。鍾繇、華歆、王朗、王肅四人之合傳。

同卷，裴松之則附上魚豢的評論，其文曰：

> 今此數賢，略余之所識也。檢其事能，誠不多也。但以守學不輟，
>
> 乃上爲帝王所嘉，下爲國家名儒，非由學乎？」〔註49〕

上述評論中，可以很清楚地看到陳壽、魚豢兩人對鍾繇、華歆、王朗、王肅四人評論的重心，不在其改朝換代之際的侍君心態，而是在於個人的事功能力。魚豢雖然認爲這些臣僚的能力不如世人所言出眾，但仍然對其「守學不輟」的態度有所肯定。換言之，「忠君」與否，並不在二位史家的考量範圍中。

　　同時代的史家范曄，編纂《後漢書》時，把漢末士人荀淑、韓韶、鍾皓、陳寔合爲一傳，文末也特別針對荀爽、陳寔二人加以評論。《後漢書》詳細記載漢末大亂之際，同遭東漢政治禁錮的荀爽、陳寔二人的政治活動。荀爽在接到當朝權臣董卓的召命後出仕，而陳寔則於謝絕於朝事之外，不復出仕。范曄一方面記載荀爽出仕的始末，另一方面又提出君子的出處應當「平運則弘道以求志，陵夷則濡跡以匡時」，稱許荀爽爲「大直若屈」者。〔註50〕對於隱居不仕的陳寔，范氏則是稱許其深明「進對之節」，〔註51〕故能使天下風俗清明。從范曄的評論來看，荀爽、陳寔二人，一在中央匡正時局、一在民間端正風俗，兩人其實是沒有高下之別，對當代的時局和人心同樣有貢獻。此外，《後漢書》亦提到蔡邕是在董卓的威逼之下，不得不出仕於漢廷，然而其在朝中，「（蔡）邕亦每存匡益。然（董）卓多自很用，邕恨其言少從。」〔註52〕，蔡邕雖有接受董卓辟書之實，其在朝中行事卻有范曄所言「陵夷則濡跡以匡時」的狀況。王允用計誅殺董卓後，以「懷其私遇，忘其大節」的罪名殺害蔡邕，范曄卻藉著東漢太尉馬日磾之口，指出蔡邕實際「忠孝素著，而所坐無名」〔註53〕，來爲其辯解，並在傳末的評論中，肯定蔡邕有「匡導既申，狂瀾屢革」的貢獻。〔註54〕馬日磾、范曄、鄭玄等人之評論，表達出時人對於忠孝的看法。陳壽、魚豢、范曄等人的評論，則顯現出魏晉時人在處理東漢末年以來的政治動亂、朝代更替相關問題與史料時，所評判的標準是

〔註49〕《魏志》，卷13，頁422。

〔註50〕新校標點本・《後漢書》，卷62，〈荀爽傳〉，頁2058。

〔註51〕《後漢書》，卷62，〈陳寔傳〉，頁2069。

〔註52〕《後漢書》，卷60下，〈蔡邕傳〉，頁2006。

〔註53〕《後漢書》，卷60下，〈蔡邕傳〉，頁2006。

〔註54〕《後漢書》，卷60下，〈蔡邕傳〉，頁2007。

個人的事功能力，以及其對時局的貢獻，至於對統治階層忠心與否，則不是他們所關心的問題。

　　從魏晉史家對漢末、魏初士人政治活動的批評，可以清楚見到魏晉時人重視個人在世局變亂中的表現，遠甚於對統治者的忠誠。東漢末年的黨錮之禍的迫害、地方軍閥的割據與動亂、甚至是曹操的法家統治方式，雖然都是造就魏晉時人重視個人事功的因素，強調自保的重要，更重要的原因，則來自於魏晉時人對於「改朝換代」的認知。陳師 啓雲在〈荀氏易傳中的革命思想〉一文中，提到荀爽在注釋《易傳》時，明言一位有德者不應侍奉陰暗無德之君。〔註 55〕荀爽在解釋經文時提出的德、位「升降」理論，表達出荀氏個人的革命思想。荀爽反抗政府的思想，除了來自對東漢末年的政治混亂不滿外，也與漢代私傳的易學傳統脫不了關係。荀爽的著作在漢、魏時期的士人階層間大爲風行，是東漢末年政爭中興起的學術思想。荀爽及其追隨者，認爲敗德的君主將會在政治革命中降位，甚至被消滅，合法了改朝換代的觀念和行爲。〔註 56〕中外學者在討論漢代的政治發展與士人的政治思想時，已經注意到「五行」學說在漢人思想中的重要性。西漢士人包括王莽、兩漢皇室成員等等，均相信每個王朝會在五行中某一行的力量支持下進行統治，當這行依序被下一行所取代時，王朝就滅亡了。〔註 57〕王莽新朝的建立與東漢光武的中興，顯示出西漢、東漢之際知識分子對於天命移轉、改朝換代理論的接受。在東漢光武帝建國之後，這種革命的思想被政府所打壓而轉至民間，到東漢末年與宗教結合，爲新的社會菁英所接受。東漢獻帝遜位的歷史事實，象徵了漢末上層知識階層對於改朝換代理論的接受。〔註 58〕

　　西漢蓋寬饒引用《韓氏易傳》所言之「若四時之運，功成者去，不得其

〔註 55〕關於荀爽的觀念，請詳見陳師〈荀氏易傳中的革命思想〉一文，全文收錄在《漢晉六朝文化‧社會‧制度——中華中古前期史研究》（臺北：新文豐出版社，1996），頁 97。

〔註 56〕〈荀氏易傳中的革命思想〉，頁 89～128。

〔註 57〕如美國哥倫比亞大學教授畢漢斯（Bielenstein , Hans．）所主筆的《劍橋中國秦漢史》（北京：中國社會科學出版社，1992），第 3 章，〈王莽，漢之中興，後漢〉中，討論王莽的崛起時，即特別注意到當時知識分子對於王朝更替的想法，頁 245。按：《劍橋中國秦漢史》乃譯自英國劍橋大學出版社 1986 年英文版的中文簡體字版本。

〔註 58〕荷蘭萊頓大學漢學院教授曼斯維爾特（Mansvelt Beck, B. J.）主筆《劍橋中國秦漢史》，第 5 章，〈漢代的滅亡〉，頁：389。

人則不居其位。」〔註59〕的說法，和荀爽《荀氏易傳》中宣揚的「升降」理論，顯示出西漢到東漢末期中央官僚與知識階層對政治更替的想法。東漢末年爆發以張角爲首的「黃巾之亂」，則是以地方百姓爲主，值得注意張角所標榜「蒼天已死、黃天當立」的口號，也帶有五行更替、革命易代的想法。〔註60〕《魏志》中記載曹操征討地方上的黃巾亂民時，黃巾教徒給他的書信即提到：「漢行已盡，黃家當立。天之大運，非君才力所能存也。」〔註61〕書信中明白指出按照五行的推演，漢朝劉氏的氣數已盡，已經不是曹操一人所能挽救的。這些文字，顯示出無論是民間的百姓，或是上層的知識份子，所抱持的革命易代、反抗暴政等想法，是連貫一致的。西漢初年即已存在的改朝換代想法，經過西漢韓嬰、蓋寬饒等人的詮釋後，仍存於東漢末年官僚、知識分子的思惟裡。正是漢人原有的「革命易代」想法，驅使東漢臣僚在東漢政權衰微的關鍵時刻，轉而投向新興的曹魏政權；同樣地，這種心理也促使魏末臣僚投向聲勢上漲的司馬氏政權。對於曹魏的統治者而言，眞正威脅曹魏的政權基礎，不是敵對的吳、蜀政權，而是魏人本身所認同、接受的「改朝換代」想法。東漢朝廷盛行的讖緯、符瑞，更加強時人對「天命移轉」的肯定，及朝代更替的合法性。〔註62〕漢魏禪代之際，在東漢臣僚上書要求獻帝禪位於魏王曹丕的疏文中，及東漢獻帝、曹丕回應的文字中，〔註63〕天命可以移轉的說法更是隨處可見。天命可以移轉，象徵著改朝換代的合法性，東漢亡於此，承續其後的曹魏政權，也在政治上承繼了相同的考驗，成爲曹魏

〔註59〕 新校標點本‧《漢書》，卷77，〈蓋寬饒傳〉，頁3247。

〔註60〕 《後漢書》，卷71，〈皇甫嵩傳〉，頁2299。

〔註61〕 《魏志》，卷1，〈武帝紀〉，頁10。裴注引自《魏書》。

〔註62〕 最有名的例子，即東漢太史丞許芝向魏王曹丕條列漢末曾經發生，得以證明魏代漢的讖緯、符瑞。見《魏志》，卷2，〈文帝紀〉，頁63～65。其他的臣僚如辛毗、劉曄、衛臻、陳矯、陳群、桓階等人，並以許芝所言之符瑞爲禪代的依據。

〔註63〕 《魏志》，卷2，〈文帝紀〉，頁62。裴注引袁宏《漢紀》所載漢獻帝禪位的詔文，文中即提到「炎精之數既終，行運在乎曹氏。」東漢以火德自居，故稱「炎精」，然而這句話也表現出五行更替的想法。裴注並保留辛毗、劉曄、衛臻、陳矯、陳群、桓階等人上書的内文，頁62～76。同傳，頁67，東漢獻帝下詔由曹丕禪代天下時，亦言：「是以天命不以常，帝王不一姓，由來尚矣。」群臣更以「謹案古之典籍，參以圖緯，魏之行運及天道所在，即尊之驗，在於今年此月，昭晰分明。」一言，力贊曹丕稱帝。曹丕則以漢曆數將終，在「震畏天命」的情況下，不得不接受東漢的禪讓，頁75。無論是東漢或曹魏的君臣，均一致強調禪位是順應天命的做法。

政權統治者內心的最大隱憂。清儒趙翼感嘆魏晉士人「無殉節者」的歷史事實時，反而突顯出存在於兩漢到魏晉南北朝士人間，對於改朝換代的獨特認知。曹叡在託孤之際的徬徨無依，除了來自對臣僚的猜忌與不信任，更大的部分，則是在面對時人的改朝換代觀念時，發自內心的無助感。同樣地，從曹氏手中獲得天下的司馬氏，也接下同樣的政治氣氛，司馬市父祖三代對於臣下的猜疑與戒心，不過是延續了曹魏末年、來自皇權中央的無助感。

五、結　論

　　從東漢末年開始的政治分裂，改變了當時的政治環境，也同樣影響了漢末、魏初知識分子對於中央政權之認同感。東漢末年的黨錮之禍，嚴重戕害了知識分子對於現實政治的改革熱誠，也損傷了士人對東漢政權的向心力。在面對險惡的生存環境時，如何自保個人與家族於亂世動盪之中，就成為漢末士人的首要目標。無論是隱逸於世事之外，或是改而侍奉曹魏政權、孫吳政權、蜀漢政權，都是一種自保的方式。在這種自保的心態下，對新政權的掌權者而言，臣下的忠誠問題自然成為統治者心中永遠的疑慮。仔細深究魏晉之際的自保心態，其實可以往上追溯至東漢初年的政局。東漢王朝建立之後，越來越多儒生拒絕在東漢政府任職，他們採取了道家無為、保身、退隱的方式，來表達對於現實政治的失望。〔註 64〕因此，綜觀東漢、魏晉的士人自保思想，不只呈現時人的求全心態，事實上也是一種自我認同。

　　余英時〈魏晉之際士之新自覺與新思潮〉中，即提到當時社會上最有勢力的士大夫階層，已經不復以國家社會為重，而是轉而發展其個人的私生活。〔註65〕後世史家大多把這種心態歸罪於東漢末年的黨錮之禍。事實上，在東漢建國之後，朝廷「大一統」政治權威已經受到地方主義的蠶食；學術思想上，原本大一統的漢代儒學，對於「仕」、「隱」、「功業」等觀念也產生截然不同的看法，不在定於一統。因此，無論是政治上、文化上的「大一統」理想與現實，在東漢初年就已經分裂，對中央政權的忠誠度並不是絕對的觀念。〔註66〕身為官僚機構中心的士大夫以自保為目標，以累積個人的政治資

〔註64〕見陳師 啟雲，〈後漢的儒家、法家、道家思想〉，《劍橋中國秦漢史》，頁 845
　　　　～846。

〔註65〕余英時，〈魏晉之際士之新自覺與新思潮〉，《中國知識階層史論〈古代篇〉》（臺
　　　　北：聯經出版社，1993），頁 295。

〔註66〕相關的問題，請參考陳師啟雲，*Hsun Yueh（A.D.148～209）:The Life and*

本、發展家族的社會聲望爲第一要務，國家與人民已經不是他們所關注的重心了。臣僚的自私心態，導致皇帝更加不信任臣僚，臣僚又以個人榮祿爲先的情況下，終於導致魏晉禪代之時，許多曹魏功臣子弟紛紛轉而投效司馬氏，亡魏成晉，成爲西晉建國的重要功臣。因此曹魏時期的君臣關係，實際上是建立在上下交相疑的基礎上，曹叡時期君臣關係的不良，破壞了曹魏政權的基礎，導致了日後的高平陵事件、曹魏政權的覆亡。曹氏統治者的不信任態度固然是主因，而當時的臣僚的自保心態，其實也難逃其責。無論是曹氏的猜忌，或是群僚的自保心態，基本上還是不脫兩漢的「革命易代」的想法。漢人對於改朝換代的認知，成爲魏晉君臣關係的一大隱憂，嚴重影響魏晉君臣對彼此的信任，無怪乎「疑」字瀰漫在魏、晉時期的君臣關係中。

Reflections of An Early Medieval Confucian（Cambridge: Cambridge University Press, 1975）及陳師啓雲，〈《荀悅與中古儒學》中譯版自序〉，《學術思想評論》（瀋陽：遼寧大學出版社，1999），第 5 輯，頁 427～432。